Die Miete

von

Wohnungen und anderen Räumen

nach dem

Bürgerlichen Gesetzbuche

unter Berücksichtigung

der bisher im Gebiete des Bayerischen Landrechtes und in München geltenden Gesetzesbestimmungen

von

J. Vogel,

kgl. Amtsrichter in München.

München 1897.

J. Schweitzer Verlag (Jos. Eichbichler)

Vorwort.

Die nachfolgende Skizze des zukünftigen Mietrechtes ist aus der Meinung des Verfassers entstanden, es sei nicht vordringlich, schon jetzt den Interessenten, Vermietern und Mietern, einen Ueberblick dieser für das Verkehrsleben wichtigen Materie des Obligationenrechtes des Bürgerlichen Gesetzbuches zu ermöglichen, da einerseits die Kommentare zum Bürgerlichen Gesetzbuche immerhin erst in späterer Zeit vollständig erscheinen werden und auch dann solche von der Mehrzahl der Interessenten nicht benützt zu werden pflegen, andererseits infolge der Uebergangsbestimmungen des Einführungsgesetzes zum Bürgerlichen Gesetzbuche für die Vermieter und Mieter größerer Mietobjekte, bezüglich welcher Mietverträge auf eine Reihe von Jahren abgeschlossen zu werden pflegen, es schon zur Zeit notwendig erscheint, sich über ihre gesetzlichen Rechte und Pflichten nach der Einführung des Bürgerlichen Gesetzbuches und die Wirkung der Letzteren auf solche Mietverträge Kenntnis zu verschaffen.

Zugleich hofft der Verfasser, daß die Arbeit auch dem Kreise der praktischen Juristen beim Studium und bei der späteren Anwendung des 3. Titels des VII. Abschnittes des II. Buches des Bürgerlichen Gesetzbuches einigermaßen zu dienen im Stande sein wird, indem derselbe sich bemüht hat möglichst die sämtlichen einschlägigen Bestimmungen des Bürgerlichen Gesetzbuches und des Einführungsgesetzes hierzu zusammenzufassen und die bisherigen, hiervon abweichenden Gesetzesbestimmungen **hervorzuheben**, wobei sich derselbe darauf beschränkt hat im wesentlichen nur die Gesetzesstellen des Bürgerlichen Gesetzbuches = B.G.B. und des Landrechtes = Ldr., sowie des Einführungsgesetzes zu Ersterem = E.G. z. B.G.B. anzuführen.

Der Verfasser.

Inhaltsübersicht.

I. Abschnitt.

Begriff der Miete.

Miete ist das durch Vertrag zu Stande kommende Rechtsverhältnis, inhaltlich dessen der eine Vertragsteil sich zur Gewährung des Gebrauches einer Sache während eines begrenzten Zeitraums, der andere Vertragsteil zu einer bestimmten Gegenleistung hierfür verpflichtet.[1])

Eine Miete ist nicht vorhanden, wenn der Gebrauch der Sache nicht auf Grund Vertrages erfolgt, sondern ohne einen solchen, z. B. durch Verbleiben im gemieteten Raume nach Beendigung des Mietverhältnisses ohne Eintritt der stillschweigenden Weitervermietung,[2]) durch eigenmächtige Inbesitznahme eines Mietobjektes. Nur der Gebrauch, nicht weitergehende Rechte, wie z. B. der Fruchtgenuß bei Pacht, ist Gegenstand der Miete, und nur der Gebrauch einer Sache also eines körperlichen Gegenstandes,[3]) nicht eines Rechtes.

Die zu vermietende Sache ist in der Regel Eigentum des Vermieters; sie muß es aber nicht sein, wie z. B. bei der Aftermiete;[4]) auch kann der Eigentümer einer Sache in besonderen Fällen dieselbe mieten, z. B. vom Nutznießer, vom Mieter in Form der Aftermiete.

Ein wesentliches Erfordernis der Miete ist die Bestimmtheit der Dauer der Gebrauchsgewährung,[5]) jedoch ist die Miete auf Lebenszeit, sowohl des Vermieters, als Mieters,

---

[1]) § 535 B.G.B.
[2]) § 568 B.G.B.
[3]) § 90 B.G.B.
[4]) § 549 B.G.B.
[5]) § 536 B.G.B.

zulässig,[6]) wogegen eine Miete „auf Ewig" als solche im Gegensatze zum bisherigen Rechte[7]) ausgeschlossen ist.

Die Gegenleistung für den Gebrauch der Sache wird in der Regel zwar ein bestimmter Geldbetrag — Mietzins im eigentlichen Sinne — sein, doch kann dieselbe auch in Diensten, überhaupt in jeder an sich möglichen, erlaubten Leistung bestehen[8]) im Gegensatze zu der bisherigen Gesetzbestimmung, nach welcher der Mietzins eine bestimmte Geldsumme sein muß.[9])

Dieser Unterschied ist zwar im allgemeinen nicht von besonderer praktischer Bedeutung, weil solche Verträge bisher analog dem Mietvertrage zu behandeln sind; immerhin ist derselbe wichtig für die Anwendung von lediglich für die Miete maßgebenden Gesetzesbestimmungen, wie z. B. derjenigen über die Wirkungen der Veräußerung der vermieteten Sache, welche bisher bei derartigen analogen Mietverhältnissen ausgeschlossen sind.

II. Abschnitt.

Begründung des Mietverhältnisses.

1. Das Mietverhältnis wird gleich jedem durch Rechtsgeschäft zur Entstehung gelangenden Schuldverhältnisse durch Vertrag begründet.[10])

Der Vertrag kommt durch die Annahme des vom Gegenteile gemachten Antrages zu Stande.[11])

---

6) § 567 B.G.B.

7) T. IV C. VI, § 15 Nr. 3 und 4 Ldr.

8) § 535 B.G.B.

9) T. IV C. VI, § 1 Ldr.

10) § 305 B.G.B.

11) § 146, 151 B.G.B.

Der Antrag muß so beschaffen sein, daß der Vertrag sofort nach dessen Annahme zur Entstehung gelangt. Derselbe muß deshalb alle wesentlichen Bestandteile des in Aussicht genommenen Vertrages enthalten, nicht nur die gesetzlichen des § 536 B.G.B.

Der Antrag muß einem bestimmten Gegenteile[12]) gegenüber erklärt werden; bloße allgemeine Bekanntmachungen, z. B. Zeitungsannonce, Anschlag am Mietobjekt, bilden nicht einen Vertragsantrag, sondern lediglich eine Aufforderung hierzu.

Sobald einmal ein rechtsbeständiger Vertragsantrag dem Gegenteile gemacht ist, ist der Antragsteller hieran gebunden, wenn er nicht ausdrücklich die Gebundenheit ausgeschlossen hat; die Gebundenheit hört auf, wenn der Antrag vom Gegenteile abgelehnt oder nicht rechtzeitig angenommen wird.[13])

Der Vertragsantrag ist eine einseitige Willenserklärung, er gilt als abgegeben bei Anwesenden sofort. Hierzu ist auch analog der Bestimmung des § 147 B.G.B. der Antrag durch den Fernsprecher zu rechnen.

Bei Abwesenden gilt der Antrag abgegeben im Zeitpunkte, in welchem derselbe dem Gegenteile zugeht, wenn nicht vorher oder gleichzeitig dem Letzteren der Widerruf zukommt.[14])

Als zugegangen erscheint die Willenserklärung, hier der Antrag, nach der vom B.G.B. angenommenen sogen. Empfangstheorie, sobald der Antrag von dem Gegenteile nach der allgemeinen Verkehrssitte zur Kenntnis genommen werden kann. Es genügt z. B., daß das den Antrag enthaltende Schriftstück in dem vom Gegenteile aufgestellten Briefkasten abgelegt oder an eine von diesem im allgemeinen hierzu

[12]) § 145 B.G.B.
[13]) § 145, 146 B.G.B.
[14]) § 130 B.G.B.

bevollmächtigte Person, z. B. Hausverwalter, abgegeben wird, wenn auch das Schriftstück dann erst später an den Gegenteil gelangt, weil z. B. der Gegenteil verreist ist oder die Mittelsperson den Brief verlegt. Andrerseits ist die Willenserklärung nicht schon in dem Augenblicke der Ablegung des Schriftstückes zugegangen, wenn dies zur ungewöhnlichen Zeit geschieht, wenn z. B. mitten in der Nacht der Brief eingelegt wird in den Briefkasten, sondern erst im Zeitpunkte, in welchem der Empfänger denselben der Verkehrssitte entsprechend öffnet.

Wird der Antrag einem Geschäftsunfähigen[15]) oder Geschäftsbeschränkten[16]) gemacht, so wird derselbe erst wirksam, wenn er dessen gesetzlichem Vertreter zugeht, außer der Letztere hat seine Einwilligung erteilt und bis zur Annahme des Antrages nicht zurückgenommen, und zwar entweder gegenüber dem Gegenteile oder auch dem Geschäftsbeschränkten[17]). Der Tod des Antragenden oder dessen Geschäftsunfähigkeit nach Abgabe, Absendung, des Antrages ist ohne Einfluß auf dessen Rechtsbestand.[18])

Ist der Antrag einmal in vorstehender Weise dem Gegenteile abgegeben, so ist ein nachträglicher Widerruf ausgeschlossen[19]) im Gegensatze zur bisherigen Theorie, daß solcher bis zum Eintreffen der Annahme möglich ist (Windscheid, Pand. Bd. II § 307).

Diese Gebundenheit des Antragstellers ist jedoch zeitlich beschränkt durch die Pflicht der Annahmeerklärung des Gegenvertragsteiles.

Die Annahme des Antrages muß bei Vermeidung des

---

[15]) § 104 B.G.B.

[16]) § 107, 114 B.G.B.

[17]) § 131, 183 B.G.B.

[18]) § 130 B.G.B.

[19]) § 145 B.G.B.

Erlöschens der Gebundenheit des Antragenden, wenn Antragsteller für die Annahme desselben eine Frist bestimmt hat, innerhalb dieser erfolgen.[20])

Ist keine derartige Frist bestimmt, so muß die Annahme des Antrages sofort bei Anwesenden (auch Fernsprecher), bei Abwesenden bis zu einem Zeitpunkte erfolgen, in welchem der Antragende den Eingang der Antwort unter regelmäßigen Umständen erwarten darf.[21]) Es erlischt daher der Antrag, wenn der Gegenteil die Annahmeerklärung bis zur äußersten Zeitgrenze aufgeschoben hat und infolge dieses Umstandes dieselbe nicht rechtzeitig, d. h. den allgemeinen Voraussetzungen entsprechend, dem Antragsteller zukommt. Was oben von der Antragserklärung bezüglich des Zugehens ausgeführt wurde, gilt auch für die Annahmeerklärung als einseitige Willenserklärung.

Es wird daher z. B. der Vertrag perfekt, wenn die Annahmeerklärung rechtzeitig beim Antragsteller eintrifft, derselbe aber erst später hiervon Kenntnis erhält, weil er verreist war oder dessen Dienstbote den Brief verlegt hat.

Ist die Annahmeerklärung rechtzeitig abgesendet, aber verspätet dem Antragsteller zugegangen und muß dies der Letztere erkennen, z. B. bei bekannter Verkehrsstörung durch Elementarereignisse, so muß derselbe sofort nach Erhalt der Annahmeerklärung dies dem Annehmenden anzeigen, d. h. sofort Anzeige absenden, widrigenfalls die Annahme als nicht verspätet gilt.[22])

Die verspätete Annahmeerklärung eines Antrages gilt als neuer Antrag; eine Annahme unter Erweiterungen, Einschränkungen oder sonstigen Aenderungen gilt als Ablehnung, verbunden mit einem neuen Antrage.[23])

---

[20]) § 148 B.G.B.

[21]) § 147 B.G.B.

[22]) § 149 B.G.B.

[23]) § 150 B.G.B.

Die Annahme kann auch stillschweigend, durch conkludente Handlungen, erfolgen, wenn eine Annahmeerklärung nach der Verkehrssitte nicht zu erwarten ist, z. B. bei der Anfrage nach einem Zimmer im Hotel und sofortiger Anweisung desselben, oder wenn der Antragende darauf verzichtet hat.

Im ersteren Falle muß die die Annahmeerklärung ersetzende Handlung in dem nach dem Antrage oder den Umständen zu entnehmenden Willen des Antragenden entsprechenden Zeitpunkte erfolgen, wenn nicht der Antrag erlöschen soll.[24]) Es will z. B. zur Besichtigung eines Festzuges ein Zimmer gemietet werden zur Zeit, da dieser schon beginnt, hier muß dasselbe vom Vermieter nach dem Willen des Antragenden sofort eingeräumt werden, sonst ist derselbe an seinen Antrag nicht mehr gebunden.

Vereinbaren die Parteien (gerichtliche) oder notarielle Beurkundung des Vertrages, so kommt der Vertrag mit der Beurkundung der Annahme zu Stande, wenn diese auch ohne Kenntnis und Anwesenheit des Gegenteiles in einer getrennten Urkunde erfolgt. Auch diese besondere Annahme muß in dem nach dem Willen des Antragenden oder den Umständen entsprechenden Zeitpunkte erfolgen, soll nicht der Antrag erlöschen.[25]) Diese Art der Annahmeerklärung wird beim Mietvertrage nur äußerst selten vorkommen.

2. Haben sich in dem Antrage und der Annahmeerklärung die Vertragsteile über alle Punkte des abzuschließenden Vertrages geeinigt, so ist derselbe zur Rechtswirksamkeit gelangt; so lange dies nicht der Fall ist, ist im Zweifel der Vertrag noch nicht abgeschlossen.[26])

Zu diesen Punkten gehören aber nicht nur die gesetzlich wesentlichen Bestandteile der Miete überhaupt, sondern alle,

---

[24]) § 151 B.G.B.

[25]) § 152, 128 B.G.B.

[26]) § 154 B.G.B.

welche Gegenstand des gerade in Frage stehenden Vertrages nach dem erklärten Willen auch nur eines Vertragsteiles sein sollen, z. B. Anbringung einer Firmentafel, Stiegenbeleuchtung.

Sind jedoch die Vertragsteile einig, daß sie einen Mietvertrag endgiltig abgeschlossen haben und haben sie sich über einen einzelnen Vertragspunkt in Wirklichkeit nicht geeinigt, so besteht der Vertrag nach dem Willen der Parteien zu Recht, wenn dieser Wille auch trotz der Nichteinigung bezüglich des oder der einzelnen Punkte anzunehmen ist;[27]) es gilt das Vereinbarte.

Der Vermieter will z. B. vereinbaren, daß Mieter die Treppenbeleuchtung bezahlen muß, der Mieter will das Gegenteil; hier wird der Mieter die Treppenbeleuchtung nicht bezahlen müssen und der Vertrag ist als rechtsbeständig zu erachten.

Die bloße Aufzeichnung der Verständigung über einzelne Punkte des Vertrages begründet als solche einen Vertrag nicht.[28])

Die Parteien können die Bestimmung der Vertragsleistung einem Vertragsteile oder auch einem Dritten überlassen; die Bestimmung muß dann nach billigem Ermessen getroffen werden und kann im Falle der Unbilligkeit oder Verzögerung durch Urteil herbeigeführt werden. Soll der Dritte die Bestimmung nach freiem Belieben treffen und kann oder will er dies nicht oder verzögert er dieselbe, so ist der Vertrag unwirksam.[29])

Sowohl der Antrag als die Annahmeerklärung müssen beim Mangel der Nichtigkeit ernstlich, nicht zum Scheine abgegeben sein;[30]) sie sind beim Vorliegen eines wesentlichen

---

[27]) § 155 B.G.B.

[28]) § 154 B.G.B.

[29]) § 315, 317—319 B.G.B.

[30]) § 117—118 B.G.B.

Irrtums und bei unrichtiger Uebermittlung anfechtbar,[31]) ebenso wegen arglistiger Täuschung oder widerrechtlicher Drohung.[32]) Endlich sind sie nichtig, wie der ganze Vertrag, wenn sie gegen ein gesetzliches Verbot oder gegen die guten Sitten verstoßen, woruuter insbesondere die Ausbeutung der Notlage, des Leichtsinns, der Unerfahrenheit im Zusammenhalte mit dem Versprechen einer unverhältnismäßigen Gegenleistung fällt.[33])

3. Der Mietvertrag kann durch die Vertragsteile persönlich oder durch Vertreter abgeschlossen werden.

Die von dem Vertreter innerhalb der ihm zustehenden Vertretungsmacht im Namen des Vertretenen abgegebene Willenserklärung wirkt unmittelbar für und gegen den Vertretenen, sei es, daß die Erklärung ausdrücklich im Namen des Vertretenen erfolgt oder die Umstände ergeben, daß sie in dessen Namen erfolgen soll.[34])

Ueberschreitet der Vertreter seine Vertretungsmacht, so wird, so weit dies geschieht, der Vertretene nicht berechtigt und nicht verpflichtet.

Tritt die Vertretungsmacht dem Gegenteile gegenüber nicht in die Außenwelt, so bewirkt die Willenserklärung des Vertreters keine Rechtsfolgen für den Vertretenen, auch selbst dann nicht, wenn der Vertreter nicht für sich vertragschließender Teil sein wollte; er ist es dann doch dem Gegenteile gegenüber.[35])

Der Vertreter kann auch eine in der Geschäftsfähigkeit beschränkte Person sein.[36])

---

[31]) § 119—122 B.G.B.
[32]) § 123—124 B.G.B.
[33]) § 134, 138, 308 B.G.B.
[34]) § 164 B.G.B.
[35]) § 164 B.G.B.
[36]) § 165 B.G.B.

Die Stellvertretung beruht entweder auf Gesetz oder Parteiwillen.

In beiden Fällen ist für die Beurteilung eines bei dem Vertragabschlusse unterlaufenden Mangels der Willenserklärung nur die Person des Vertreters maßgebend,[37]) so bezüglich des Irrtums, des fahrlässigen Nichtkennens einer Thatsache. Wenn z. B. der Vertreter des Mieters die Feuchtigkeit der Wohnung infolge grober Fahrlässigkeit nicht beachtete, kann der Vertretene wegen dieses Fehlers der Wohnung Rechte gegen den Vermieter nicht geltend machen.

Wird eine Willenserklärung durch Drohung herbeigeführt, so ist dieselbe anfechtbar, sei es, daß der Vertreter oder auch der Vertretene dieselbe ausgeübt hat.

Macht sich der Vertreter einer arglistigen Täuschung schuldig, so wirkt dieselbe gegen den Vertretenen, auch wenn er dieselbe nicht gekannt hat, weil der Vertretene kein Dritter im Sinne des § 123 Abs. 2 B.G.B. ist.[38])

Eine Ausnahme von obiger Regel liegt dann vor, wenn der Vertreter auf Grund besonderer Vollmacht nach bestimmten Weisungen des Vollmachtgebers handelt, z. B. der Vertreter hat die Weisung erhalten eine bestimmte Wohnung zu mieten. Hier kann der Vertretene sich nicht auf die Unkenntnis des Vertreters berufen bezüglich solcher Umstände, welche er selbst kannte oder kennen mußte. Z. B. er weiß, daß die Wohnung an eine Kaserne anstoßt und gibt den Auftrag, diese Wohnung zu mieten, dann kann er nicht wegen des Lärmes in der Kaserne Ansprüche gegen den Vermieter erheben mit der Behauptung, sein Vertreter habe diesen Mangel nicht gekannt.[39])

Die Verpflichtung des Vertretenen aus den Willenserklärungen des Vertreters erfolgt, wenn die Bevollmächtigung

[37]) § 166 B.G.B.
[38]) § 123 B.G.B.
[39]) § 166 Abs. 2 B.G.B.

dem Gegenteile im einzelnen Falle oder im allgemeinen durch öffentliche Bekanntmachung von dem Vollmachtgeber mitgeteilt worden ist, so lange, als die Vollmacht nicht in derselben Art dem Gegenteile gegenüber widerrufen ist, in der sie demselben mitgeteilt worden ist, bei Aushändigung einer Vollmachtsurkunde, bis dieselbe zurückgegeben oder für kraftlos erklärt worden ist.[40])

Der Gegenteil des Vertretenen kann sich jedoch auf vorstehende Bestimmungen nicht berufen, wenn er das Erlöschen der Vollmacht bei Vornahme des Rechtsgeschäftes mit dem Vertreter kannte oder kennen mußte.[41])

Schließt der Vertreter ohne Vertretungsmacht den Vertrag im Namen des Vertretenen und erklärt hierbei den Mangel der Ersteren, so hängt die Wirksamkeit des Vertrages von der Genehmigung des Vertretenen ab;[42]) letztere kann auch stillschweigend erfolgen, z. B. durch Einziehen in die so vom Vertreter gemietete Wohnung am bestimmten Zeitpunkte. Kennt der Gegner den Mangel der Vertretungsmacht, so kann er den Vertretenen zur Genehmigungserklärung auffordern; diese muß ihm gegenüber innerhalb 2 Wochen nach Empfang der Aufforderung erfolgen, sonst gilt sie als verweigert, wenn auch vorher das Gegenteil vom Vertretenen dem Vertreter erklärt worden ist.[43])

Kennt der Gegenteil den Mangel der Vollmacht nicht, so kann er bis zur Genehmigung des Vertretenen widerrufen, sowohl dem Vertreter als dem Vertretenen gegenüber.[44])

Wird die Genehmigung im obigen Falle nicht erteilt, so haftet weder der Vertreter noch der Vertretene dem Gegenteile.

---

[40]) § 171, 172 B.G.B.
[41]) § 173, 169 B.G.B.
[42]) § 177, 182 B.G.B.
[43]) § 177 B.G.B.
[44]) § 178 B.G.B.

Wird dieselbe erteilt, so wirkt die Willenserklärung des Vertreters so, als ob sie innerhalb der Vertretungsmacht abgegeben worden wäre und zwar vom Zeitpunkte der Erklärung ab.[45])

Hat der Vertreter ohne Vertretungsmacht gehandelt, ohne dies dem Gegenteile zu erkennen zu geben und wird dann die Genehmigung verweigert, so steht dem Gegenteile die Wahl zwischen Erfüllung und Schadensersatz wegen Nichterfüllung gegen den Vertreter zu, doch ist Letzterer bei Mangel der Kenntnis der Vertretungsmacht auf Seite des Vertreters auf denjenigen Schaden beschränkt, welchen der Gegenvertragsteil dadurch erleidet, daß er auf die Vertretungsmacht vertraute, jedoch nicht über den Betrag des Interesses hinaus, welches der andere Teil an der Wirksamkeit des Vertrages hat.[46])

Hat der Gegenteil den Mangel der Vertretungsmacht gekannt oder mußte er denselben kennen, so haftet auch hier der Vertreter nicht, ebenso nicht, wenn er in der Geschäftsfähigkeit beschränkt, ohne Zustimmung seines gesetzlichen Vertreters gehandelt hat.[47])

Aehnliche Bestimmungen gelten für den Vormund, welcher ohne die erforderliche Genehmigung des Vormundschaftsgerichtes einen Mietvertrag abgeschlossen hat, welcher länger als ein Jahr nach der Vollendung des 21. Lebensjahres des Mündels dauern soll. Der Vertrag wird hier erst mit der die nachträgliche Genehmigung des Vormundschaftsgerichtes enthaltenden Mitteilung des Vormundes an den Gegenteil wirksam, event. mit der Genehmigung durch den großjährig gewordenen Mündel. Der Gegenteil kann dem Vormunde die zweiwöchentliche Frist zur Mitteilung der Genehmigung

---

[45]) § 184 B.G.B.

[46]) § 179, 249 ff. B.G.B.

[47]) § 179 B.G.B.

bestimmen; der Gegenteil ist bei Nichtkenntnis des Mangels der Genehmigung des Vormundschaftsgerichtes bis zu deren nachträglichen Mitteilung zum Widerrufe berechtigt.[48])

Vertretung liegt nicht vor, wenn die Willenserklärung lediglich durch einen Dritten als Boten übermittelt wird, sei es durch eine natürliche Person, sei es durch eine Anstalt (Telegraph). Hier kommt lediglich die Person des Erklärenden bei Beurteilung der Willenserklärung, Willensmängel in Betracht, weshalb der unrichtigen Uebermittlung durch Anfechtung abgeholfen werden kann.

4. Der Mietvertrag ist im allgemeinen formlos.

Diese Regel wird durch zwei Ausnahmen unterbrochen; erstens durch den Willen der Vertragsteile, zweitens durch Gesetzesvorschrift.[49])

Verabreden die Vertragsteile die Beurkundung des beabsichtigten Vertrages, so ist derselbe im Zweifel nicht abgeschlossen bis zu dessen Beurkundung;[50]) erfolgt dieselbe nicht, so ist das mündlich Vereinbarte mangels der vertragsmäßigen Form nichtig.[51]).

Ein Mietvertrag über eine Wohnung 2c., der für längere Zeit als ein Jahr geschlossen wird, bedarf der schriftlichen Form.[52]) Ist derselbe im Auslande abgeschlossen und gilt dort allgemeine Formfreiheit, so genügt die Beobachtung des ausländischen Gesetzes, auch wenn das Mietobjekt im Inlande ist.[53]) Diese Formvorschrift ist vollständig neu gegenüber dem bisherigen Rechte.[54])

---

[48]) § 1829, 1830, 1822 Z. 5 B.G.B.

[49]) § 120, 119 B.G.B.

[50]) § 154 B.G.B.

[51]) § 125 B.G.B.

[52]) § 566, 580 B.G.B.

[53]) Art. 11 E.G. z. B.G.B.

[54]) T. IV C. VI § 1 Ldr. T. IV C. I § 6 Ldr.

Der Mangel dieser Form bewirkt jedoch nicht absolute Nichtigkeit (§ 125 B.G.B.), sondern hat lediglich zur Folge, daß dieser Mietvertrag für unbestimmte Zeit geschlossen gilt unter Aufrechthaltung aller übrigen Bestimmungen desselben, die Kündigung jedoch nicht für eine frühere Zeit, als für den Schluß des ersten Jahres zulässig ist.

Hiernach ist die Dauer des Vertrages auf ein Jahr gesichert und zwar des Jahres vom Vertragsabschlusse ab, da das Gesetz im Gegensatze zu seiner sonstigen Ausdrucksweise nicht Kalenderjahr sagt.

Die Kündigungszeit selbst richtet sich hierbei nach dem Zahlungsmodus des Mietzinses.[55]) Beginnt das Mietverhältnis z. B. am 1. April 1900 und ist über die Zinszahlung nichts vereinbart, so kann erst für den 31. März 1901 und zwar spätestens am 3. Januar 1901 gekündigt werden, sodann aber am 3. April für 30. Juni u. s. w.

Wird nachträglich die schriftliche Form geschaffen, so wird dieser Mangel des Vertrages von diesem Zeitpunkte ab wieder geheilt; der Vertrag ist dann für die von der Zeit der schriftlichen Formulierung an noch laufende Vertragsdauer rechtswirksam. Ist der Vertrag z. B. auf 5 Jahre abgeschlossen und wird derselbe natürlich ohne vorhergehende rechtswirksame Kündigung nach $1^1/_2$ Jahren schriftlich fixiert, so läuft derselbe noch $3^1/_2$ Jahre von da ab.

Liegt der Fall des § 566 vor oder ist schriftliche Form vereinbart, so ist derselben nur genügt, wenn die Vertragsurkunde von beiden Parteien unterzeichnet oder bei mehreren Vertragsexemplaren diese gegenseitig unterzeichnet werden.[56]) Bei Schreibensunkundigen oder Unfähigen tritt an die Stelle der Unterschrift das gerichtlich oder notariell beglaubigte Handzeichen.[57])

---

[55]) § 565, 551 B.G.B.

[56]) § 126, 127 B.G.B.

[57]) § 126 B.G.B.

Die schriftliche Form kann jedoch durch Telegramm, und bei einem Vertrage durch Briefwechsel ersetzt werden, wenn nicht ein anderer Wille der Parteien anzunehmen ist; doch kann in diesem Falle nachträglich eine den Vorschriften des § 126 entsprechende Beurkundung verlangt werden.[58])

Die schriftliche Form wird durch gerichtliche oder notarielle Beurkundung ersetzt.[59])

5. Der Mietvertrag erfordert zu seiner Rechtswirksamkeit, daß er von geschäftsfähigen Personen, physischen oder juristischen, abgeschlossen wird.

Zu den juristischen Personen zählen insbesondere die offene Handelsgesellschaft, die Kommanditgesellschaft, die Aktiengesellschaft des Handelsgesetzbuches und die nach dem B.G.B. rechtsfähigen Vereine und Stiftungen.[60])

Von den physischen Personen sind kraft Gesetzes geschäftsunfähig und daher auch nicht vertragsfähig, so daß deren Willenserklärungen nichtig sind,[61]) diejenigen, welche das siebente Lebensjahr noch nicht vollendet haben; diejenigen, welche sich in einem die freie Willensbestimmung ausschließenden Zustande krankhafter Störung der Geistesthätigkeit befinden, soferne nicht der Zustand seiner Natur nach ein vorübergehender ist; diejenigen, welche wegen Geisteskrankheit entmündigt sind.

Nichtig ist auch die Willenserklärung eines sonst Geschäftsfähigen, welche im Zustande der Bewußtlosigkeit oder vorübergehender Störung der Geistesthätigkeit abgegeben wird.[62])

In der Geschäftsfähigkeit beschränkt sind die Minder-

---

[58]) § 127 B.G.B.

[59]) § 126 B.G.B.

[60]) § 21, 22 ff., 80 B.G.B. Art. 163, 165 E.G. z. B.G.B.

[61]) § 104 B.G.B.

[62]) § 105 B.G.B.

jährigen[63]) und die wegen Geistesschwäche, Verschwendung, Trunksucht Entmündigten und die nach § 1906 B.G.B. unter vorläufiger Vormundschaft Gestellten.[64])

Die Geschäftsfähigkeit von Ausländern ist besonders geregelt.[65])

Die Geschäftsbeschränkten bedürfen zum Abschlusse des Mietvertrages, wie zu jeder Willenserklärung, durch die sie nicht lediglich einen rechtlichen Vorteil erlangen, der Einwilligung ihres gesetzlichen Vertreters,[66]) dieselbe ist im allgemeinen bis zur Vornahme des Rechtsgeschäftes widerruflich.[67])

Schließt der Geschäftsbeschränkte ohne Einwilligung (vorhergehende Zustimmung) einen Vertrag ab, so hängt die Wirksamkeit desselben von der Genehmigung des gesetzlichen Vertreters ab, welche ausdrücklich, aber auch stillschweigend erteilt werden kann.[68])

Die Genehmigung muß, wenn der Gegenteil den gesetzlichen Vertreter hierzu auffordert, bei der rechtlichen Annahme deren Verweigerung innerhalb zwei Wochen seit Empfang der Aufforderung dem Gegenteile, und zwar ausschließlich diesem, erklärt werden ohne Rücksicht und Wirkung einer vorherigen Genehmigung oder Verweigerung derselben gegenüber dem Minderjährigen.[69])

Wenn der Geschäftsbeschränkte geschäftsfähig wird, tritt seine Genehmigung an Stelle derjenigen seines Vertreters.

Der Gegenteil kann bis zur Genehmigung widerrufen, und zwar auch dem Geschäftsbeschränkten gegenüber, jedoch dann nicht, wenn er bewußt mit einem Geschäftsbeschränkten

---

[63]) § 2, 3 B.G.B. Art. 153 E.G. z. B.G.B.

[64]) § 106, 114 B.G.B.

[65]) Art. 7 E.G. z. B.G.B.

[66]) § 107 B.G.B.

[67]) § 183 B.G.B.

[68]) § 108, 184 B.G.B.

[69]) § 108 B.G.B.

den Vertrag abgeschlossen hat, außer dieser hat der Wahrheit zuwider die Einwilligung des Vertreters behauptet und der Gegenteil hat diesen Mangel nicht anderwärts gekannt.[70])

Einer Genehmigung des Vertrages bedarf es nicht, wenn der Geschäftsbeschränkte mit Mitteln die vertragsmäßige Gegenleistung bewirkt hat, die ihm gerade zum Zwecke dieses Vertragsabschlusses oder zur freien Verfügung überlassen worden sind und zwar wenn dies auch nur stillschweigend geschehen ist.[71])

Z. B., der minderjährige Student bekommt alle Monate von seinem Vater einen bestimmten Betrag zur Bezahlung der Monatsmiete oder ein Taschengeld zur Bestreitung seiner Bedürfnisse während seines Aufenthaltes in der Universitätsstadt und bezahlt hiervon den Mietzins.

Wenn dieser Student aber diese Mittel anderweitig verbraucht, so ist der Mietvertrag mit demselben dennoch rechtswirksam, soweit sich aus diesen Thatsachen die stillschweigende Einwilligung seines Vaters zum Abschlusse von Mietverträgen während des Studienaufenthaltes schließen läßt und die Unterhaltspflicht des Vaters reicht.[72])

Des Weiteren ist die Genehmigung des gesetzlichen Vertreters nicht erforderlich, wenn dieser mit Genehmigung des Vormundschaftsgerichtes den Minderjährigen — bei den übrigen Geschäftsbeschränkten ist dies nicht wohl denkbar — zum selbständigen Betrieb eines Erwerbsgeschäfts ermächtigt und der Mietvertrag zu diesem abgeschlossen wird, jedoch dann nicht, wenn der Mietvertrag länger als ein Jahr nach Vollendung des 21. Lebensjahres des Minderjährigen dauern soll, da hierzu die vom gesetzlichen Vertreter dem Gegenteile mitzuteilende Genehmigung des Vormundschaftsgerichtes not-

[70]) § 109 B.G.B.

[71]) § 110 B.G.B.

[72]) § 1606, 1610 B.G.B.

wendig ist.[73]) Dies gilt nicht nur für den Vormund und Vater, sondern auch für den Pfleger, die Mutter, den Beistand.[74])

Dagegen kann der Geschäftsbeschränkte Vertreter sein und haftet nicht, wenn er als solcher, ohne es zu sein, gehandelt hat ohne Genehmigung seines gesetzlichen Vertreters, wie oben bereits erwähnt.[75])

Endlich ist zu bemerken, daß die Aufhebung der Entmündigung entsprechend der bisherigen Bestimmung der C.Pr.O. § 613 Abs. 2 keinen Einfluß auf die Wirksamkeit der von oder gegen den Entmündigten vorgenommenen Rechtsgeschäfte hat, also dann es so angesehen wird, als wäre die Entmündigung nicht erfolgt, aber auch die vom gesetzlichen Vertreter vorgenommenen Rechtsgeschäfte ihre Wirksamkeit nicht verlieren.[76])

Nicht geschäftsbeschränkt sind großjährige Hauskinder;[77]) im Gegensatze zum Landrecht[78]) kennt das B.G.B. keine Peculienunterscheidung. Mit der Großjährigkeit oder Großjährigkeitserklärung ist das Kind unbeschränkt geschäftsfähig und hören alle Beschränkungen durch elterliche Gewalt bezüglich dessen Geschäftsfähigkeit auf.

Nicht geschäftsunfähig ist nach B.G.B. auch die Ehefrau als solche.

Die Geschäftsfähigkeit der vor dem 1. Januar 1900 in die Ehe getretenen Frauen richtet sich nach dem bisherigen Güterstande, da dieser für die im Zeitpunkte der Einführung des B.G.B. abgeschlossenen Ehen bestehen bleibt.[79])

---

[73]) § 112, 1643, 1822 Z. 5 B.G.B.

[74]) § 1676, 1684, 1690, 1909—1912, 1915 B.G.B.

[75]) § 165, 179 Abs. 3 B.G.B.

[76]) § 115 B.G.B.

[77]) § 1626 B.G.B.

[78]) T. I C. V Ldr.

[79]) Art. 200 E.G. z. B.G.B.

Nach bisherigem Rechte kann die Ehefrau für sich nur Verträge schließen mit Zustimmung des Ehemannes, soweit sie nicht ein Recepticgut hat oder Handelsfrau ist.[80])

Dagegen ist die Ehefrau nach dem gesetzlichen Güterstande des B.G.B. berechtigt innerhalb ihres häuslichen Wirkungskreises Rechtsgeschäfte mit Wirkung gegen den Ehemann vorzunehmen, wenn letzterer dieses Recht nicht ausgeschlossen oder beschränkt hat, was jedoch dem Dritten gegenüber nur durch Eintrag im Güterrechtsregister oder durch dessen eigene Kenntnis hiervon rechtswirksam ist.[81]) Ob der Abschluß eines Mietvertrages hierzu zu rechnen ist, ist Thatfrage; so wird z. B. das Mieten eines Zimmers als gemeinschaftliche Wohnung für ein Arbeiterehepaar durch die Frau hierunter fallen, ebenso das Aftervermieten einzelner Zimmer seitens einer Ehefrau, welche hieraus mit Wissen ihres Ehemannes Erwerb macht.

Die Ehefrau kann ohne Zustimmung ihres Ehemannes einen Mietvertrag mit Wirkung gegen sich schließen, soweit sie ein Vorbehaltgut besitzt oder ein Erwerbsgeschäft mit Zustimmung oder auch nur Kenntnis ihres Mannes führt, außer der Einspruch oder Widerruf des Ehemannes ist im Güterrechtsregister eingetragen oder dem Gegenvertragsteile sonst bekannt.[82])

Wenn nun auch nach dem gesetzlichen Güterrechte des B.G.B. die Ehefrau zu einem Rechtsgeschäfte, durch welches sie sich zu einer Leistung verpflichtet, der Zustimmung des Ehemannes nicht bedarf, so ist die Wirkung desselben gegenüber dem Ehemanne in Ansehung des eingebrachten — nicht Recepticgutes — Vermögen der Ehefrau doch eine verschiedene, je nachdem der Ehemann demselben zustimmt oder nicht.[83])

[80]) T. I C. VI § 22, 27 Ldr., Art. 6—8 H.G.B.

[81]) § 1357, 1435 B.G.B.

[82]) § 1365, 1366 ff., 1405, 1435 B.G.B.

[83]) § 1399 B.G.B.

Mit Rücksicht hierauf und dem allgemeinen Grundsatze, daß die Beschränkungen der Ehefrau dem Dritten gegenüber auch dann wirken, wenn er nicht gewußt, daß die Frau eine Ehefrau ist,[84]) des Weiteren der Gestattung der verschiedenen vertragsmäßigen Güterrechte[85]) und dem Umstande, daß die Ehe vor dem Inkrafttreten des B.G.B. abgeschlossen sein kann und dann den bisherigen Gesetzesbestimmungen unterliegt, ist beim Abschlusse des Mietvertrages mit Frauen große Vorsicht geboten und zweckdienlich, um Anstände zu vermeiden sich zunächst zu vergewissern, ob die den Vertrag beabsichtigende Frauensperson ledig oder verheiratet ist und im letzteren Falle nur mit Genehmigung des Ehemannes oder wenn möglich mit beiden Eheleuten den Mietvertrag abzuschließen.

Endlich kann die Geschäftsfähigkeit eine zeitliche, durch besondere persönliche Umstände hervorgerufene sein, wie im Falle des Konkurses und der Beschlagnahme des Anwesens.

Die hierfür geltenden Rechtsnormen auszuführen überschreitet zur Zeit den Rahmen dieser Arbeit um so mehr, als insbesondere bezüglich letzteren Falles erst neuerliche Gesetzesbestimmungen zu erwarten sind.

6. Nebenbestimmungen zum Mietvertrage.

Vielfach wird bei Eingehung des Mietvertrages vom Mieter ein sogenanntes Darangeld, Aufgeld dem Vermieter gegeben.

Dasselbe gilt als Zeichen des Abschlusses des Vertrages und wird nunmehr als „Draufgabe" bezeichnet; es gilt im Zweifel nicht als Reugeld, durch dessen Aufgabe der dasselbe leistende Vertragsteil sich vom Vertrage befreien kann, wenn

[84]) § 1404 B.G.B.

[85]) § 1432 B.G.B.

dies nicht ausdrücklich von den Vertragsteilen bestimmt wird.[86]) Wird vereinbart, daß ein Vertragsteil gegen Zahlung eines Reugeldes zurücktreten kann, dann ist der Rücktritt nur wirksam, wenn das Reugeld vor oder bei dessen Erklärung entrichtet wird oder der Gegenteil, wenn dies nicht geschieht, die Erklärung aus diesem Grunde nicht sofort zurückweist; die letztere wird jedoch wirksam, wenn das Reugeld unverzüglich nach der Zurückweisung bezahlt wird.[87])

Das Draufgeld ist im Zweifel auf den Mietzins, und zwar in der Regel den ersten, anzurechnen und bei etwaiger Wiederaufhebung des Vertrages, sei es infolge übereinstimmenden Willens der Parteien, sei es durch Anfechtung oder Ähnl. wieder zurückzugeben.[88])

Der Empfänger ist jedoch berechtigt die Draufgabe zu behalten, wenn der Geber die Wiederaufhebung des Vertrages verschuldet oder den Vertrag aus seinem Verschulden nicht erfüllen kann, z. B. Mieter wegen Vermögensverfall den ersten Mietzins nicht bezahlt, jedoch nicht neben einem von ihm erlangten Schadenserſatze wegen Nichterfüllung des Vertrages.[89])

Verschieden von der Draufgabe ist die Vertragsstrafe. Hier bestimmen die Vertragsteile für den Fall, daß einer oder beide gewisse oder die Vertragsverbindlichkeiten überhaupt nicht oder nicht richtig erfüllt, eine bestimmte Geldsumme oder andere Leistung hierfür als Strafe.[90]) Die Strafe ist verwirkt, wenn der dieselbe versprechende Vertragsteil in Verzug kommt oder einem bedungenen Unterlassen zuwiderhandelt.[91])

[86]) § 336 B.G.B.
[87]) § 359 B.G.B.
[88]) § 337 B.G.B.
[89]) § 338 B.G.B.
[90]) § 339, 342 B.G.B.
[91]) § 284 ff., 291 ff., 339 B.G.B.

Ist die Strafe für die Nichterfüllung der Verbindlichkeit versprochen, so kann der Gegenteil dieselbe statt der Erfüllung, nicht aber auch diese neben der Strafe verlangen, dagegen wohl noch Schadensersatz wegen Nichterfüllung.[92])

Ist dagegen die Strafe für die nicht gehörige oder nicht rechtzeitige Erfüllung der Verbindlichkeit bestimmt worden, so kann der Gegenteil die Strafe neben Erfüllung oder Schadensersatz wegen Nichterfüllung beanspruchen. Hat er aber die Erfüllung trotz ihrer Ordnungswidrigkeit angenommen, dann kann er die Strafe nur begehren, wenn er sich dies bei der Annahme der Leistung vorbehalten hat.[93])

Diese Grundsätze gelten nur, wenn die Vertragsteile nichts Gegenteiliges bestimmt haben; in vielen Fällen soll nach dem Willen der Vertragsteile die Vertragsstrafe einen weiteren Anspruch gegen den sie Versprechenden für den bestimmten Fall der Nichterfüllung seiner Leistung ausschließen.

Eine unverhältnismäßig hohe Vertragsstrafe kann auf Antrag durch Urteil herabgesetzt werden, jedoch ist hierbei jedes berechtigte Interesse, nicht blos das Vermögensinteresse des Gläubigers zu berücksichtigen, z. B. die nahe Lage einer Wohnung bei dem Geschäftslokale des Mieters. Nach der Entrichtung der Strafe ist die Herabsetzung ausgeschlossen.[94])

Der Schuldner hat zu beweisen, daß er seine Verbindlichkeit erfüllt hat, wenn dieselbe nicht in einem Unterlassen besteht.[95])

Die Vertragsstrafe ist für ein nach dem Gesetze unwirksames Leistungsversprechen absolut unwirksam, z. B. für die Vornahme eines gegen die guten Sitten verstoßenden Rechtsgeschäftes.[96])

---

92) § 340 B.G.B.
93) § 341 B.G.B.
94) § 343 B.G.B.
95) § 345 B.G.B.
96) § 344 B.G.B.

III. Abschnitt.

Die Rechte und Pflichten aus dem Mietvertrage.

1. Allgemeine Grundsätze.

Die Rechte und Pflichten aus dem Mietvertrage werden zunächst durch die Vereinbarungen der Vertragsteile bestimmt; nur mangels solcher kommen die gesetzlichen Vorschriften zur Anwendung. Die Ersteren können die Letzteren einschränkend und erweiternd abändern und Alles als Vertragswillen festsetzen, was nicht gegen Gesetz oder gute Sitte verstößt.[97])

Die Vertragsteile haben ihre Leistungen gegenseitig so zu bewirken, wie es Treu und Glauben mit Rücksicht auf die Verkehrssitte erfordern.[98])

Die einzelnen Willenserklärungen, wie der ganze Vertrag, sind gleichfalls nach diesem Grundsatze auszulegen und ist bei Auslegung des letzteren nicht am buchstäblicheu Sinne des Ausdruckes zu haften, sondern der wirkliche Wille der Parteien zu erforschen.[99])

Weitere Auslegungsregeln enthält das B.G.B. nicht, z. B. nicht die, daß im Zweifel der Vertrag zu Gunsten des Mieters oder gegen den denselben niederschreibenden, sich unklar ausdrückenden Vertragsteil auszulegen ist.

Die Vertragsteile haften gegenseitig für Vorsatz und Fahrlässigkeit. Fahrlässigkeit ist die Außerachtlassung der im Verkehre erforderlichen Sorgfalt. Die Haftung ist ausgeschlossen, wenn die vorsätzliche oder fahrlässige Handlung im Zustande der Bewußtlosigkeit oder in einem die freie Willensbestimmung ausschließenden Zustande krankhafter Stör-

---

97) § 134, 138, 276 Abs. 3, 306, 540 B.G.B.

98) § 242 B.G.B.

99) § 133, 157 B.G.B.

ung der Geistesthätigkeit erfolgt ist, außer wenn dieser Zustand vorübergehend vom Beschädiger selbst herbeigeführt wurde, in welchem Falle derselbe für den von ihm widerrechtlich herbeigeführten Schaden haftet, wie wenn ihm Fahrlässigkeit zur Last fiele. Die Haftung ist ferner ausgeschlossen bei Kindern unter 7 Jahren und bei Personen unter 18 Jahren und Taubstummen bei Mangel der zur Erkenntnis der Verantwortlichkeit erforderlichen Einsicht.[100])

Dagegen haften für widerrechtliche Schadenszufügung solcher Personen bei Außerachtlassung der gehörigen Aufsichtsführung diejenigen Personen, welchen diese kraft Gesetzes oder Vertrages obliegt, ebenso haftet derjenige, welcher einen Anderen zu einer Verrichtung bestellt und bei dessen Auswahl die im Verkehre übliche Sorgfalt nicht beobachtet hat.

In beiden Fällen ist die Haftung ausgeschlossen, wenn der Schaden auch bei gehöriger Aufsicht oder Anwendung der im Verkehre erforderlichen Sorgfalt entstanden sein würde.[101])

Diese Haftung besteht z. B. für die Dienstboten, Handwerker, Pensionszöglinge.

Andrerseits haften die gesetzlich vertretenen Personen für das Verschulden ihrer Vertreter aus dem Mietverhältnisse, desgleichen haften die Vertragsteile für das Verschulden der Personen, deren sie sich zur Erfüllung ihrer Verbindlichkeiten bedienen, und zwar ohne die Einschränkung der §§ 827, 828[102]), und haftet der Aftervermieter für den Aftermieter.

Die Haftung wird erweitert durch den Verzug in der Leistung auf Seite des Schuldners bis zu der für Zufall, wenn nicht der Schaden auch bei rechtzeitiger Leistung ein=

---

[100]) § 276, 827, 828 B.G.B.

[101]) § 831, 832, 549 Abs. 2 B.G.B.

[102]) § 278 B.G.B.

getreten wäre, und wird für denselben auf Vorsatz und grobe Fahrlässigkeit im Falle des Verzuges des Gläubigers beschränkt.[103])

Liegt auf Seite des Beschädigten ein den erlittenen Schaden mitwirkendes Verschulden vor, so hängt die Verpflichtung zum Ersatze hierfür und der Umfang desselben von den Umständen, insbesondere davon ab, in wie weit der Schaden vorwiegend von dem einen oder andern Teile verursacht worden ist. Das Mitverschulden des Beschädigten schließt also nicht absolut die Haftung des Gegenteiles aus, wie dies bisher bei beiderseitigem Vorsatze oder beiderseitiger Fahrlässigkeit der Fall ist.[104])

Hier sind noch zwei allgemeine Grundsätze bezüglich der Leistungsverpflichtung der Vertragsteile anzuführen.

Die Regel bildet die Nachleistung, so auch auf Seite des Mieters bezüglich des Mietzinses, dagegen nicht für den Vermieter nach dem Wesen des Mietvertrages. Dieselbe kann nicht verweigert werden bei entgegenstehender Teilleistung, wenn letztere nach den Umständen, insbesondere wegen verhältnismäßiger Geringfügigkeit des rückständigen Teiles, gegen Treu und Glauben verstoßen würde.[105])

Steht dem Schuldner aus demselben rechtlichen Verhältnisse ein fälliger Anspruch zu, so kann er seinerseits die geschuldete Leistung verweigern bis die ihm gebührende Leistung bewirkt wird, z. B. kann der Mieter den Mietzins zurückbehalten, wenn ihm wegen Beschädigung der Möbel durch Verschulden des Vermieters fällige Ansprüche gegen Letzteren zustehen. Dem Mieter steht aber das Zurückbehaltungsrecht an dem Mietobjekte selbst gegen den Vermieter nicht zu.[106])

---

[103]) § 287, 300 B.G.B.

[104]) § 254 B.G.B. T. I C. IV § 20 Ldr.

[105]) § 320 B.G.B.

[106]) § 273, 556 B.G.B.

Gegenüber der Klage des Gläubigers ist das Zurückbehaltungsrecht, wie auch das Recht zur Nichterfüllung der Leistung auf die Folge der Verurteilung Zug um Zug beschränkt. Auf Grund solcher Verurteilung kann der Gläubiger seinen Anspruch ohne Bewirkung der ihm obliegenden Leistung im Wege der Zwangsvollstreckung verfolgen, wenn der Schuldner im Verzuge der Annahme ist. Hat der klagende Teil vorzuleisten, so kann er, wenn der andere Teil im Verzuge der Annahme ist, auf Leistung nach Empfangnahme klagen.[107])

Sodann fällt die Pflicht zur Vorleistung weg, wenn nach Abschluß des Vertrages in den Vermögensverhältnissen des anderen Teiles eine wesentliche Verschlechterung eintritt, bis die Gegenleistung bewirkt oder Sicherheit in der gesetzlichen Weise für dieselbe geleistet wird.[108])

2. Des Vermieters Rechte.

A. Das hauptsächlichste Recht des Vermieters aus dem Mietvertrage ist der Anspruch auf die Gegenleistung für die Ueberlassung des Gebrauches der Sache und zwar in der Regel gegen seine Vorausleistung der Letzteren.[109])

Dieser Anspruch steht dem Vermieter selbstverständlich nur gegen den Vertragsgegner zu. Wer Vertragsteil ist, bestimmt der Inhalt des Vertrages. Der Vermieter muß die Gegenleistung, wenn dieselbe nicht in Person von dem Mieter zu leisten ist, z. B. durch dessen persönliche Dienstleistungen, auch von einem Dritten annehmen, wie dies auch nach dem bisherigen Rechte der Fall ist; es müßte denn der Mieter einer solchen Leistung durch den Dritten widersprechen, dann kann der Vermieter dieselbe ablehnen.[110])

---

107) § 322, 274 B.G.B.

108) § 321, 232 ff. B.G.B.

109) § 535, 536 B.G.B.

110) § 267 B.G.B., T. IV C. XIV § 3 Ldr.

Der Vermieter tritt in keinerlei Beziehungen bezüglich Bezahlung des Mietzinses zu dem Aftermieter seines Mieters, so daß Ersterer auch dann den Vermieter seines Vermieters nicht mehr mit Rechtswirksamkeit gegen Letzteren bezahlen darf, wenn dieser seine Mietzinsverpflichtung nicht erfüllt hat.[111])

Bei einer Mehrheit von Mietern bestimmt sich das Recht des Vermieters zunächst nach den Vertragsbestimmungen; mangels solcher kann im Zweifel der Vermieter alle Mieter, jeden allein, als Gesamtschuldner in Anspruch nehmen, da das B.G.B. dem Rechtsgrundsatze des Landrechtes, Haftung nach Anteilen im Zweifel, entgegen die Gesamtschuldnerhaftung der mehreren gemeinschaftlich durch Vertrag Verpflichteten bestimmt.[112])

Die Gegenleistung des Mieters wird in der Regel in einer bestimmten Geldsumme, doch kann sie auch in anderen Leistungen bestehen, wie schon oben erwähnt.

Die Erfüllung derselben erfolgt in der Regel durch Bezahlung, sie kann jedoch auch durch Aufrechnung, Hinterlegung und Leistung an Erfüllungsstatt erfolgen.[113])

Das Recht des Vermieters auf den Mietzins wird nur rechtswirksam befriedigt, wenn derselbe an diesen oder an den mit Vertretungsmacht Versehenen berichtigt wird. Für Letzteren gilt das oben bezüglich des Vertreters beim Vertragsabschlusse Ausgeführte. Zum Mietzinsempfang berechtigt ist auch der nach § 736 C.Pr.O. eingewiesene Pfändungsgläubiger, der im Subhastationsverfahren aufgestellte Verwalter und in der Regel der Ueberbringer der Quittung.[114]) Nicht empfangsberechtigt sind die Ehefrauen, Hausmeister als solche ohne Vertretungsvollmacht. Der Mieter muß sorg-

---

[111]) § 535 B.G.B., T. IV C. XIV § 4 u. Anm. 1 d Ldr.

[112]) § 427, 431 B.G.B., T. IV C. I § 21 Ldr.

[113]) § 387 ff., 372 ff., 364 ff. B.G.B.

[114]) § 370 B.G.B.

fältig prüfen, ob er an einen Berechtigten bezahlt, sonst läuft er Gefahr der Doppelzahlung, unter Umständen der außerordentlichen Kündigung seitens des Vermieters.

Der Vermieter hat des ferneren das Recht auf den jeweils fälligen vollständigen Mietzins: der Mieter ist nicht zu Teilleistungen berechtigt.[115])

Die Bezahlung des Geldmietzinses hat in der Regel in Reichswährung zu erfolgen, außer es bestehen ausdrückliche Gegenvereinbarungen, insbesondere auch dann, wenn die vertragsmäßig bestimmte Geldsorte nicht mehr existieren sollte.[116])

Der Vermieter hat das Recht, daß ihm der Mietzins kostenlos in seine Wohnung gebracht oder geschickt wird. Wenn der Vermieter an einem anderen Orte wohnt als Mieter, trägt der Letztere die Kosten und Gefahr der Uebersendung des Geldmietzinses dorthin; jedoch trifft die Kostenlast (z. B. Mehrporto) und Gefahr den Gläubiger, wenn dieselben durch nach dem Vertragsabschlusse eingetretene Aenderung des Wohnsitzes des Gläubigers, und zwar auch infolge Aenderung des ursprünglichen Gläubigers, z. B. durch Cession, Rechtsnachfolge durch Ueberweisung der Mietzinsforderung, erhöht werden.[117])

Dagegen ist der Leistungsort, wenn nicht vereinbart, nach den Umständen, insbesondere nach der Natur des Schuldverhältnisses zu bemessen; in Ermanglung solcher Anhaltspunkte hat der Vermieter nur das Recht auf Leistung am Wohnsitze oder an der gewerblichen Niederlassung des Mieters zur Zeit der Entstehung des Mietverhältnisses.[118]) Letzteres wird in der Regel beim Mietvertrage auch auf Grund der

---

[115]) § 266 B.G.B.

[116]) § 244, 245 B.G.B.

[117]) § 370, 398, 412 B.G.B.

[118]) § 269 B.G.B.

ersteren Bestimmungen anzunehmen sein. Hierdurch ist der Grundsatz des Landrechtes, Bringschuld des Mietzinses, aufgehoben.[119]) Der Leistungsort ist von besonderer Bedeutung, weil sich nach demselben der Gerichtsstand des Vertrages (§ 29 C.Pr.O.) beurteilt.

Weitere einzelne Bestimmungen über Zeit und Ort der Mietzinszahlung, wie solche im Landrecht enthalten sind, enthält das B.G.B. nicht mehr, weil sich dieselben aus dem allgemeinen Grundsatze ergeben, daß jede Leistung wie Treu und Glauben mit Rücksicht auf die Verkehrssitte es erfordert, zu bewirken ist.[120]) Hiernach ist wie bisher die Zahlung z. B. zur Nachtzeit, während eines Leichenbegängnisses und Aehnlichem ausgeschlossen.

Sodann hat der Vermieter Anspruch auf die rechtzeitige Mietzinsentrichtung.

Die Mietzinszahlung muß an dem vereinbarten oder gesetzlich bestimmten Zeitpunkte erfolgen, jedoch wenn dieser auf einen Sonntag oder allgemeinen Feiertag fällt, erst am nächsten Werktage. Der Mieter kann zwar vor diesem Zeitpunkte bezahlen, aber ohne Anspruch auf Zwischenzinsen.[121])

Ist nichts über die Zeit der Mietzinsbezahlung bestimmt, so ist derselbe am Ende der Mietzeit zu entrichten, z. B. bei der Miete eines Hotelzimmers; ist er nach Zeitabschnitten bemessen, so ist er nach dem Ablaufe des Zeitabschnittes, Tag, Woche, Monat, Halbjahr rc. zu leisten.

Ist beim Mietzinse für Wohnungen rc. eine solche Bestimmung nach Zeitabschnitten nicht getroffen, so ist derselbe nach dem Ablaufe je eines Kalendervierteljahres am ersten Werktage des folgenden Monates zu entrichten.[122])

---

[119]) T. IV C. XIV § 7 Ldr.

[120]) § 242 B.G.B., T. IV C. XIV § 9 u. 10 Ldr.

[121]) § 271, 273, 193 B.G.B.

[122]) § 551 B.G.B.

Gleichgiltig ist für die Zahlungszeit die Kündigungsfrist; wird z. B. eine Wohnung gegen monatliche Kündigung gemietet und lediglich der Jahrespreis bestimmt, nicht aber die Zahlungszeit desselben, und beginnt der Vertrag am 1. März, so ist der erste Mietzins im Betrage der einmonatlichen Miete für März am ersten Werktage des April, der nächste Mietzins nämlich für die drei Monate April mit Juni am ersten Werktage des Juli, und so weiter, zu bezahlen; endigt aber das Mietverhältnis durch ordentliche Kündigung schon am 30. April in diesem Falle, so ist der zweite Mietzins an diesem Tage als am Ende der Mietzeit zu entrichten.

Uebrigens wird, außer bei Vermietungen auf kurze bestimmte Zeit, es selten vorkommen, daß die Vertragsteile nichts über die Zahlungszeit und nichts über die Bemessung des Mietzinses nach Zeitabschnitten bestimmen.

Der Mietzins muß genau am ersten Werktage nach dem Ablaufe der Mietzeit oder des Kalendervierteljahres bezahlt werden, sonst kommt der Mieter mit Entrichtung desselben in Verzug.[123])

Das in München bestehende Herkommen, daß bei der halbjährigen Zinszahlung zu Georgi und Michaeli der Mieter eine vierzehntägige Zahlungsfrist vom Zieltage ab hat, ist hiermit beseitigt, auch dann, wenn diese Zahlungszeiten nach dem Inkrafttreten des B.G.B. von den Parteien vereinbart würden.

Die Bestimmungen des § 551 über die Zahlungszeit des Mietzinses gelten auch für den Fall, daß das Mietverhältnis zwar thatsächlich früher aufhört, aber rechtlich weiter besteht, z. B. wenn der Mieter vor Beendigung der Mietzeit auszieht, weil ihm die Wohnung nicht mehr behagt. Es kann in diesem Falle, abgesehen von den ihm zustehenden gesetzlichen Sicherungsmitteln bei Verlustgefahr, wie z. B.

[123]) § 284 Abs. 2 B.G.B.

Arrestverfügung gegen den Mieter, der Vermieter an sich wegen des Auszuges nicht sofort den Mietzins vom Mieter verlangen, sondern erst an den vereinbarten oder gesetzlichen Zahlungsfristen, weil diese thatsächliche Nichtausübung des Mietrechtes den Vermieter nicht berührt, aber auch dessen Ansprüche gegen den Mieter nicht erweitert. Nach den bisherigen Gesetzesbestimmungen war der Mietzins in solchen Fällen, weil nach vollendetem „Gebrauche", sofort zu entrichten. Hiergegen kann sich Vermieter jedoch durch entsprechende Vertragsbestimmungen schützen und ist immerhin durch das ihm zustehende Pfandrecht an den vom Mieter eingebrachten Sachen durch das Gesetz schon geschützt.[124])

Der Vermieter hat den Anspruch auf den Mietzins für die ganze Mietszeit auch dann, wenn Mieter durch einen in seiner Person liegenden Grund an der Ausübung des ihm zustehenden Gebrauchsrechtes verhindert wird, doch vorbehaltlich der Anrechnung des Vorteiles aus einer anderweitigen Vermietung.[125]) Der Vermieter muß jedoch in solchen Fällen nicht suchen die Wohnung anderweitig zu vermieten, thut er es aber, weil er z. B. dieselbe vorteilhafter anderweitig auf längere Zeit vermieten kann, so ist sein Anspruch gegen den Mieter durch Bezahlung des Mieczinses seitens des neuen Mieters getilgt.

Voraussetzung des Mietzinsanspruches des Vermieters ist seinerseitige vollständige und ordnungsgemäße Vertragserfüllung. Deshalb kann der Vermieter, wenn Mieter die Wohnung gar nicht bezieht oder vorzeitig verläßt, so lange keinen Mietzins verlangen, als er selbst infolge Ueberlassung des Gebrauches an einen Dritten oder Selbstbenützung der Mietsache außer Stande ist, dem Mieter den Gebrauch zu gewähren.[126])

---

[124]) § 551, 552, 559 B.G.B.; T. IV C. VI § 9 Ldr.

[125]) § 552 B.G.B.

[126]) § 552 B.G.B.

Da der Vermieter dem Mieter den Gebrauch in keiner Richtung, weder räumlich, zeitlich, noch sonst wie entziehen darf, verliert derselbe in den Fällen des § 552 B.G.B. den Mietzinsanspruch auch dann, wenn seine Verfügungen über die Wohnung nur geringfügiger Natur sind, z. B. Vornahme von kleinen Reparaturen während der Mietsdauer, aber nach dem Verlassen der Wohnung, wenigstens im Verhältnisse dieser Gebrauchsentziehungen zum Gesamtmietpreise der Wohnung, entsprechend den diesbezüglichen Rechten des Mieters während der thatsächlichen Benützung der gemieteten Wohnung.[127])

Der Mietzinsanspruch ist in einzelnen besonderen Fällen auf die thatsächliche Gebrauchszeit im Gegensatze zur Mietvertragsdauer beschränkt.

Der Vermieter hat ein Recht auf den Mietzins nur für die thatsächliche Gebrauchszeit, wenn dem Mieter das außerordentliche Kündigungsrecht zusteht,[128]) aber auch wenn der Vermieter selbst außerordentlich kündigt,[129]) und wenn dem Mieter bezw. dessen Erben ein außergewöhnlicher Kündigungsgrund zukommt, wodurch die Vertragsdauer abgekürzt wird.[130])

In allen diesen Fällen hat der Vermieter den im Voraus für die Zeit nach der thatsächlichen Mietsdauer bezahlten Mietzins zurückzubezahlen und zwar im ersteren Falle, wenn er den vorzeitigen Auszug nicht verschuldet hat, nach den Vorschriften über die Herausgabe einer ungerechtfertigten Bereicherung, sonst und im letzteren Falle unter Verzinsung von der Zeit des Empfanges an, also sogar unter beschwerlicheren Bedingungen.[131])

[127]) § 537 B.G.B.

[128]) § 542, 543, 544 B.G.B.

[129]) § 549, 553, 554 B.G.B.

[130]) § 569, 570 B.G.B.

[131]) § 543, 555, 347, 812, 818 B.G.B.

Diese gesetzlichen Bestimmungen können durch Vertrag ausgeschlossen werden; geschieht dies aber nicht, so erscheint allerdings der Vermieter gerade im Falle berechtigter außerordentlicher Kündigung seinerseits benachteiligt, entgegen den bisherigen rechtlichen Normen, nach welchen der Vermieter beim außerordentlichen Kündigungsrechte von dem Mieter für die ganze Vertragsdauer den Mietzins fordern hat können, soweit er nicht die Mietsache anderweitig verwerten hat können.[132])

Diese Bestimmungen sind nun aber einmal Gesetz; dieselben ergeben sich aus dem allgemeinen Grundsatze über den Vertragsrücktritt, nach welchen die Vertragsteile bei einem solchen das gegenseitig Geleistete sich zurückzugewähren und zu ersetzen haben und keiner derselben aus dem Vertrage weitere Vorteile ziehen soll.[133])

Kommt der Mieter mit der Bezahlung des Mietzinses für zwei aufeinanderfolgende Termine ganz oder teilweise in Verzug,[134]) so kann der Vermieter ohne Einhaltung einer Kündigungsfrist kündigen, wozu bisher schon der einmalige Verzug der Mietzinszahlung genügte, außer bei Vermietungen auf länger als zwei Jahren.[135]) Vereinbart kann das außerordentliche Kündigungsrecht des Vermieters auch unter der Geltung des B.G.B. bei einmaligem Mietzinsrückstande werden, da sich ein gesetzliches Verbot hiergegen nicht findet.

Die Kündigung ist ausgeschlossen, wenn der Mieter noch vor derselben den Vermieter befriedigt; sie ist unwirksam, wenn der Mieter sofort nach derselben dem Vermieter die Aufrechnung einer ihm gegen letzteren zustehenden Forderung erklärt.[136])

[132]) T. IV C. VI § 17 Ldr.
[133]) § 346, 327 B.G.B.
[134]) § 554, 284 ff. B.G.B.
[135]) T. IV C. VI § 17 Ldr. u. Anm. 2e.
[136]) § 554, 387 ff. B.G.B.

Der Mieter kommt mit Berichtigung des Mietzinses in Verzug bei kalendermäßiger Zahlungszeitbestimmung, wenn er denselben nicht zur bestimmten Zeit dem Vermieter zukommen hat lassen, und zwar muß die Mietzinsbezahlung genau am festgesetzten Tage, abgesehen von Sonn- und Feiertagen, erfolgen.[137]) Selbst die geringste Verzögerung begründet hier den Verzug, doch ist diese Bestimmung deshalb nicht so schwer, weil die außerordentliche Kündigung gesetzlich erst bei zweimaligem aufeinanderfolgenden Verzuge des Mieters eintritt.

Ist eine solche Zahlungszeitbestimmung nicht getroffen, so kommt der Mieter erst durch Mahnung nach Fälligkeit, Klage oder Zahlbefehlzustellung in Verzug.[138]) Ausgeschlossen ist der Verzug so lange, als die Leistung infolge eines vom Mieter nicht zu vertretenden Umstandes unterbleibt,[139]) z. B. der Postbote verträgt den Geldbrief und ähnliches, ferner wenn die Nichtbezahlung infolge eines berechtigten Zurückbehaltungsrechtes des Mieters erfolgt,[140]) oder die Vorausbezahlung des Mietzinses infolge wesentlicher Verschlechterung der Vermögenslage des Vermieters unterbleiben darf,[141]) endlich wenn der Vermieter in der Annahme des angebotenen Mietzinses in Verzug kommt.[142]) Der Verzug des einen von mehreren gemeinschaftlichen Mietern wirkt in der Regel nur gegen diesen.[143])

Bei der Bezahlung oder Aufrechnung eines nicht vollständig hinreichenden Betrages zur Deckung mehrerer fälliger Mietzinsraten gelten mangels Bestimmung des Schuldners

---

137) § 551, 193 B.G.B.
138) § 284 B.G.B.
139) § 285 B.G.B.
140) § 273 B.G.B.
141) § 321 B.G.B.
142) § 293 ff. B.G.B.
143) § 427, 425 B.G.B.

die allgemeinen Grundsätze über Erfüllung der Schuldverhältnisse, nämlich daß unter mehreren fälligen diejenige Schuld, welche dem Gläubiger geringere Sicherheit bietet, unter den gleich sicheren die dem Schuldner lästigere, unter gleich lästigen die ältere Schuld und bei gleichem Alter jede Schuld verhältnismäßig getilgt und die nicht ausreichende Leistung zunächst auf Kosten, dann Zinsen und zuletzt auf die Hauptsache angerechnet wird, und zwar bezüglich der letzteren Berechnungsart auch gegen den Widerspruch des Schuldners.[144])

Der Vermieter hat, und zwar in der Regel auf Kosten des Mieters, ein schriftliches Empfangsbekenntnis (Quittung), bei besonderem Interesse des Letzteren auch notariell oder sonst behördlich beglaubigt, zu erteilen, wogegen bei Uebertragung der Forderung oder Uebergang derselben im Wege der Erbfolge an mehrere Gläubiger, Vermieter, die etwaigen Mehrkosten der Quittung diesen zur Last fallen.[145]) Ist über die Mietzinsforderung vom Mieter ein Schuldschein ausgestellt worden, so muß derselbe bei deren Bezahlung zurückgegeben oder im Falle der Unmöglichkeit dessen Rückgabe durch ein öffentlich beglaubigtes Anerkenntnis der Zahlung ersetzt werden.[146])

Der Vermieter hat beim Verzuge des Mieters das Recht auf 4prozentige Verzugszinsen und auf 4prozentige Zinsen von der Rechtshängigkeit oder späteren Fälligkeit der Mietzinsschuld auch ohne Verzug des Mieters, wenn die Mietzinsforderung klageweise geltend gemacht werden muß; von Zinsen können Verzugszinsen nicht berechnet werden.[147])

Der Mietzinsanspruch für Wohnungen rc. verjährt nun-

---

[144]) § 366, 367, 396 B.G.B.

[145]) § 368, 369 B.G.B.

[146]) § 371 B.G.B.

[147]) § 288, 289, 291 B.G.B.

mehr in vier Jahren, beginnend mit dem Schlusse desjenigen Jahres, in welchem derselbe entstanden ist; bisher verjährte derselbe in fünf Jahren. Der Mietzinsanspruch der Gastwirte verjährt in zwei Jahren, bisher in drei Jahren.[148])

Die Verjährung wird gehemmt, so lange die Leistung gestundet oder der Verpflichtete aus einem anderen Grunde vorübergehend zur Verweigerung derselben berechtigt ist, doch nicht wegen eines dem Schuldner zustehenden Zurückbehaltungsrechtes, der Einrede des nicht erfüllten Vertrages u. s. w.[149]) Des weiteren wird die Verjährung gehemmt, so lange der Berechtigte durch Stillstand der Rechtspflege innerhalb der letzten sechs Monate der Verjährungsfrist an der Rechtsverfolgung verhindert ist oder diese Verhinderung in anderer Weise durch höhere Gewalt herbeigeführt wird.[150]) Endlich tritt die Hemmung der Verjährung in den besonderen Fällen ein, daß der Anspruch gegen einen Geschäftsunfähigen ohne gesetzlichen Vertreter gerichtet oder für oder gegen einen Nachlaß geltend zu machen ist.[151])

Die Verjährung wird unterbrochen durch Anerkennung des Anspruches durch Abschlagzahlung, Zinszahlung, Sicherheitsleistung und Aehnlichem, also nicht mehr lediglich durch schriftliches Anerkenntnis,[152]) ferner durch Erhebung der Klage, Zustellung des Zahlungsbefehles, Anmeldung im Konkurse, Aufrechnung im Prozesse, Streitverkündigung, Vornahme einer Vollstreckungshandlung und Antragstellung beim Vollstreckungsgerichte auf Zwangsvollstreckung.[153])

Der Zeitraum, während dessen die Verjährung gehemmt

[148]) § 197, 196 Ziff. 4 B.G.B.; bayer. Verj.=Ges. 26. III. 1859 Art. 1 Abs. 1, Art. 3 Z. 6.

[149]) § 202 B.G.B.

[150]) § 203 B.G.B.

[151]) § 206, 207 B.G.B.

[152]) § 208 B.G.B.; bayer. Verj.=Ges. 26. III. 1859 Art. 4 Abs. 2

[153]) § 209 B.G.B.

ist, wird in die Verjährungszeit nicht eingerechnet; die bis zur Unterbrechung der Verjährung verstrichene Zeit kommt nicht in Betracht, die neue Verjährung beginnt erst nach der Beendigung der Unterbrechung.[154])

Der trotz Verjährung, selbst in Unkenntnis der letzteren, bezahlte Mietzins kann nicht zurückverlangt werden.[155])

Die Verjährung kann durch Vertrag nicht ausgeschlossen und nicht erschwert werden, dagegen erleichtert, insbesondere kann die Verjährungsfrist abgekürzt werden.[156])

Die Verjährungsvorschriften finden auch auf die vor dem Inkrafttreten des B.G.B. entstandenen, noch nicht verjährten Ansprüche Anwendung. Der Beginn, sowie die Hemmung und Unterbrechung bestimmen sich jedoch für die Zeit vor dem 1. Januar 1900 nach den bisherigen Gesetzen.

Ist die Verjährungszeit nach dem B.G.B. kürzer als nach dem bisherigen Rechte, so wird die kürzere Frist von dem 1. Jänuar 1900 an berechnet; läuft jedoch die in den bisherigen Gesetzen bestimmte längere Frist früher als die im B.G.B. bestimmte kürzere Frist ab, so ist die Verjährung mit dem Ablaufe der längeren Frist vollendet.[157])

Diese Bestimmungen, insbesondere die letzteren, sind für Bayern bezüglich der Mietzinsforderungen zur Anwendung zu bringen, da die Verjährungsfristen des Gesetzes vom 26. März 1859 kürzer sind als die des B.G.B.

B. Der Vermieter einer Wohnung ꝛc. hat für seine Forderungen aus dem Mietverhältnisse ein Pfandrecht an den eingebrachten Sachen des Mieters; das gleiche Recht hat der Gastwirt für seine Forderungen für Wohnung ꝛc. an den eingebrachten Sachen des Gastes.[158])

---

[154]) § 205, 217, 211 ff. B.G.B.

[155]) § 222 B.G.B.

[156]) § 225 B.G.B.

[157]) Art. 169 E.G. z. B.G.B.

[158]) § 559, 704 B.G.B.

Bisher hatte der Vermieter nur ein auf Gerichtsgebrauch und Gewohnheitsrecht gegründetes Recht auf Zurückbehaltung der Illaten des Mieters für seine Ansprüche aus dem Mietverhältnisse erst im Zeitpunkte des Auszuges des Mieters, so lange dieselben sich im gemieteten Raume befanden mit Ausschluß der dem Mieter unentbehrlichen Sachen.[159])

Nun hat der Vermieter ein weitergehendes gesetzliches Pfandrecht an den eingebrachten Sachen des Mieters. Dasselbe ist jedoch zeitlich beschränkt für dessen Ansprüche aus dem laufenden und folgenden Mietjahre und für künftige Entschädigungsansprüche ausgeschlossen, sodann erstreckt sich dasselbe nicht auf die der Pfändung nicht unterworfenen Sachen.[160])

Das Pfandrecht erlischt mit der Entfernung der Sachen aus dem Mietraume, außer dieselbe erfolgte ohne Wissen oder unter Widerspruch des Vermieters. Derselbe darf die Wegschaffung ohne Anrufen des Gerichtes verhindern und die Sachen in seinen Besitz nehmen. Er hat das Recht auf Herausforderung zum Zwecke der Zurückschaffung der ohne sein Wissen oder wider seinen Willen fortgeschafften Sachen und auf Ueberlassung deren Besitzes, wenn der Mieter ausgezogen ist.[161])

Der Vermieter kann der Entfernung nicht widersprechen, wenn sie im regelmäßigen Betriebe des Geschäftes des Mieters erfolgt oder den gewöhnlichen Lebensverhältnissen entspricht, z. B. Mieter sein Mobiliar zwecks seines Sommeraufenthaltes in eine andere Wohnung vor der Stadt bringt oder seine Schmucksachen mit auf die Reise nimmt. Desgleichen ist der Widerspruch des Vermieters unzulässig, wenn die zurück-

---

159) T. IV C. VI § 9 N. 3 Ldr., Ges. v. 18. Dezbr. 1887.

160) § 559 B.G.B.; § 715 C.P.O.

161) § 560, 561 B.G.B.

bleibenden Sachen zur Sicherung seiner Ansprüche offenbar ausreichen.[162])

Das Pfandrecht und hiermit das Recht auf Rückschaffung und Ueberlassung des Besitzes erlischt mit dem Ablaufe eines Monates, nachdem der Vermieter von der Entfernung der Sachen Kenntnis erlangt hat, wenn derselbe nicht vorher diesen Anspruch gerichtlich geltend gemacht hat, also Klage erhoben oder eine sonstige richterliche Verfügung, z. B. einstweilige Verfügung beantragt hat.[163])

Das Pfandrecht besteht nur an Sachen des Mieters, also nicht an solchen dritter beim Mieter wohnenden Personen, insbesondere auch nicht an solchen dessen Ehefrau, Aftermieters, wogegen das Retentionsrecht gegen Letzteren dem Vermieter bisher zusteht, soweit Aftermieter seinen Aftermietzins noch nicht bezahlt hat.

Die Vorschriften über das vertragsmäßige Pfandrecht finden auf dieses gesetzliche [Pfandrecht des Vermieters entsprechende Anwendung.[164])

Das Pfand haftet für die Forderung in deren jeweiligem Bestand, für Zinsen und Vertragsstrafe, sowie Prozeßkosten und die Kosten des Pfandverkaufes.[165])

Der Vermieter ist als Pfandgläubiger zur Verwahrung des Pfandes verpflichtet.[166])

Verwendungen des Vermieters auf das Pfand sind nach den Vorschriften über die Geschäftsführung ohne Auftrag vom Mieter zu ersetzen; Einrichtungen, mit denen Vermieter das Pfand versehen hat, kann er wegnehmen.[167])

---

[162]) § 560 B.G.B.

[163]) § 561 B.G.B.

[164]) § 1257, 1204 ff. B.G.B.

[165]) § 1210 B.G.B.

[166]) § 1215 B.G.B.

[167]) § 1216, 683, 684 B.G.B.

Bei Verletzung der Rechte des Mieters trotz erfolgter Abmahnung kann der Mieter Hinterlegung bezw. gerichtliche Verwahrung des Pfandes auf Kosten des Vermieters verlangen,[168]) z. B. Vermieter stellt zurückbehaltenes Gemälde öffentlich aus, benützt zurückbehaltenes Velociped.

Ist der Verderb des Pfandes oder eine wesentliche Minderung des Wertes zu besorgen, z. B. Tropenpflanzen, Pfandzettel, wovon Vermieter dem Mieter unverzüglich Anzeige machen muß, sofern dieselbe nicht unthunlich ist, so kann Mieter die Rückgabe des Pfandes gegen anderweitige Sicherheitsleistung, nicht aber Bürgschaftsbestellung verlangen, der Vermieter, in der Regel erst nach Androhung, das Pfand öffentlich versteigern lassen und tritt der Erlös an Stelle des Pfandes, ist jedoch auf Verlangen des Mieters zu hinterlegen; hat das Pfand einen Börsen- oder Marktpreis, so kann Vermieter dasselbe aus freier Hand durch einen Handelsmakler 2c. zum laufenden Preise verkaufen.[169])

Der Vermieter ist als Pfandgläubiger verpflichtet, das Pfand nach dem Erlöschen des Pfandrechtes an den Mieter zurückzugeben, dieser berechtigt, die Rückgabe gegen Befriedigung des Vermieters zu verlangen.[170])

Die Ersatzansprüche des Mieters wegen Verminderungen und Verschlechterungen des Pfandes, sowie die Ansprüche des Vermieters wegen Verwendungen und Wegnahme von Einrichtungen verjähren in 6 Monaten nach den entsprechenden Vorschriften über die Verjährung dieser Ansprüche bei der Miete selbst.[171])

Besteht das Pfandrecht an mehreren Sachen, so haftet jede für die ganze Forderung; der Mieter kann jedoch jede

---

[168]) § 1217, 372 ff. B.G.B.
[169]) § 1218—1221 B.G.B.
[170]) § 1223, 271 B.G.B.
[171]) § 1226, 558 B.G.B.

einzelne Sache durch entsprechende Sicherheitsleistung vom Pfandrecht befreien.[172])

Der Vermieter ist zum Verkaufe des Pfandes berechtigt, sobald die Forderung desselben ganz oder zum Teil fällig ist; die Befriedigung des Pfandgläubigers erfolgt durch den Verkauf der Pfandsache.[173])

Unter mehreren Pfandsachen steht die Auswahl zum Verkaufe dem Vermieter zu; der Verkauf darf nicht über das Bedürfnis des Gläubigers ausgedehnt werden.[174])

Der Verkauf des Pfandes erfolgt nach den besonderen Vorschriften des B.G.B. oder auf Grund vollstreckbaren Titels nach den für den Verkauf einer gepfändeten Sache geltenden Vorschriften und muß vom Vermieter samt Mitteilung des Ergebnisses sofort dem Mieter zur Kenntnis gebracht werden.[175])

Der Eigentümer und der Pfandgläubiger können eine von diesen Vorschriften abweichende Art des Pfandverkaufes vereinbaren.[176])

Der Mieter kann die Geltendmachung des Pfandrechtes des Vermieters durch Sicherheitsleistung abwenden.[177])

Eine vor der Verkaufsberechtigung getroffene Vereinbarung, nach welcher dem Vermieter als Pfandgläubiger, falls er nicht oder nicht rechtzeitig befriedigt wird, das Eigentum an der Sache zufallen oder übertragen werden soll, ist nichtig;[178]) auch kann vor dem Eintritte der Verkaufsberechtigung vom Mieter nicht wirksam darauf verzichtet werden, daß der Verkauf des Pfandes im Wege öffentlicher Versteigerung erfolgt, daß Zeit und Ort öffentlich bekannt zu

---

[172]) § 1222, 562 B.G.B.
[173]) § 1228 B.G.B.
[174]) § 1230 B.G.B.
[175]) § 1233, 1234—1240, 1241 B.G.B.
[176]) § 1245, 1246 B.G.B.
[177]) § 562, 232 ff. B.G.B.
[178]) § 1229 B.G.B.

machen sind und daß Gold und Silbersachen nicht unter dem Gold- oder Silberwerte zugeschlagen werden dürfen.[179])

Wird eine dem Pfandrechte des Vermieters unterliegende Sache für einen anderen Gläubiger gepfändet, so kann diesem gegenüber von dem Vermieter das Pfandrecht nicht wegen des Mietzinses für eine frühere Zeit als das letzte Jahr vor der Pfändung geltend gemacht werden und steht dem Vermieter nur bis zu dieser Grenze die vorzugsweise Befriedigung aus dem Erlöse der Pfandsache zu.[180])

Soweit der Erlös aus dem Pfande dem Pfandgläubiger gebührt, gilt dessen Forderung als von dem Eigentümer berichtigt, im übrigen tritt der Erlös an die Stelle des Pfandes.[181])

Wer durch Veräußerung des Pfandes ein Recht an demselben verlieren würde, kann den Pfandgläubiger befriedigen, sobald der Schuldner zur Leistung berechtigt ist.[182])

C. Dem Vermieter steht das Absonderungsrecht an den eingebrachten Sachen des Mieters im Konkurse des Letzteren bezüglich seiner Ansprüche aus dem Mietverhältnisse zu.[183])

D. Weitere besondere Rechte stehen dem Vermieter nicht gegen den Mieter zu, außer die allgemeinen der Notwehr und Selbsthilfe.[184]) Hiermit ist auch das alte Münchner Herkommen aufgehoben, wonach der Vermieter berechtigt ist, den Auszug des säumigen Mieters durch Aushängen von Thüren und Fenstern zu erzwingen.[185])

---

[179]) § 1245, 1235, 1237, 1240 B.G.B.

[180]) § 563 B.G.B.; § 710 C.P.O.

[181]) § 1247 B.G.B.

[182]) § 1249, 1242, 268 Abs. 2 u. 3 B.G.B.

[183]) § 40 u. 41 K.O.

[184]) § 227 ff. B.G.B.

[185]) Anm. 4 zu T. IV C. VI § 21 Ldr.

3. Des Vermieters Pflichten.

A. Abgesehen von der dem hauptsächlichsten Rechte des Mieters entsprechenden und deshalb dort zu behandelnden Pflicht auf Gewährung des Gebrauches der gemieteten Sache hat der Vermieter zwei besondere Pflichten.

B. Derselbe hat die auf der vermieteten Sache ruhenden Lasten zu tragen.[186])

C. Derselbe ist verpflichtet, dem Mieter die auf die gemietete Sache gemachten notwendigen Verwendungen, nicht mehr auch die nützlichen, zu ersetzen, die übrigen nur nach den Vorschriften über die Geschäftsführung ohne Auftrag, nämlich dann, wenn die Vornahme der Verwendung dem wirklichen oder mutmaßlichen Willen des Vermieters entspricht, was im einzelnen Falle Thatfrage ist, oder, wenn ohne dieselbe eine Pflicht des Vermieters, deren Erfüllung im öffentlichen Interesse liegt, z. B. eine bau- oder feuerpolizeiliche Vorschrift, nicht erfüllt würde.[187])

Diese Ersatzansprüche des Mieters gegen den Vermieter verjähren in 6 Monaten, beginnend mit der Beendigung des Mietverhältnisses.[188])

4. Des Mieters Rechte.

A. Das vorzüglichste Recht des Mieters aus dem Mietvertrage ist das Recht auf den Gebrauch der gemieteten Sache während der Mietsdauer.

Vor Allem hat der Mieter das Recht auf den Gebrauch der im einzelnen Falle ihm vermieteten Sache; er braucht nicht eine andere als diese vom Vermieter anzunehmen. Der Mieter hat sodann das Recht, die Sache, deren Gebrauch

---

186) § 546 B.G.B.

187) § 547, 256, 257, 683, 679 B.G.B.; T. IV C. VI § 8 N. 1 Lbr

188) § 558 B.G.B.

ihm überlassen wird, in einem zu diesem vertragsmäßigen Gebrauche geeigneten Zustande vom Vermieter zu erhalten und während der Mietzeit zu behalten, weshalb Vermieter während dieser Zeit zur Erhaltung dieses Zustandes verpflichtet ist, wenn nicht ausdrücklich Gegenteiliges vereinbart wird, und zwar ohne Unterschied der Ursache der Verschlechterung des Zustandes mit Ausnahme der durch Selbstverschulden des Mieters herbeigeführten Mängel des Zustandes der Mietsache, und ohne Unterschied der Größe der Mängel, falls nicht hierwegen besondere Vereinbarungen getroffen werden.

Endlich ist des Mieters Recht auf den Gebrauch der Sache für die ganze Mietvertragsdauer das Gleiche.[189])

Im allgemeinen ist hierzu anzuführen:

Die vermietete Wohnung rc. ist räumlich vollständig, wie es die Vereinbarung der Vertragsteile bestimmt oder der vertragsmäßige Gebrauch bedingt, vom Vermieter zu übergeben und zu belassen, insbesondere mit den entsprechenden Nebenräumen, wie Keller, Speicher.

Nur den zum vertragsgemäßen, nicht wie bisher allgemein üblichen,[190]) Gebrauche geeigneten Zustand der Wohnung rc. kann der Mieter beanspruchen. Darüber hinaus kann er sich nur durch Vertragsbestimmungen sichern. Wenn z. B. auch in Wohnungen im Preise und in der Lage, wie eine solche im gegebenen Falle gemietet wird, allgemein elektrische Läutwerke, Telephon, Aufzug vorhanden sind, so kann Mieter solche ohne besondere Vereinbarungen nicht verlangen, auch nicht Winterfenster, Läden und Ähnliches. Da das Recht des Mieters auf den Gebrauch der Sache während der ganzen Mietzeit das gleiche ist, so hat der Vermieter auch nach erfolgter Kündigung des Mieters keinerlei Recht, den Mieter

---

[189]) § 535, 536 B.G.B.

[190]) T. IV C. VI § 4 N. 1 Ldr.

im vollständigen Gebrauche der Mietsache zu hindern, er kann deshalb ohne diesbezügliche Vertragsbestimmungen nicht verlangen, daß Mieter ihm das Vorzeigen der Wohnung, oder an deren Fenstern Ankündigungen zwecks Vermietung anzubringen gestattet. Eine dem § 629 B.G.B. analoge Bestimmung für den Mieter ist nicht vorgesehen.

Wird der Mieter im Gebrauche der gemieteten Sache in irgend welcher Weise, gänzlich oder teilweise, räumlich, zeitlich oder eigenschaftlich, sei es infolge thatsächlichen oder rechtlichen Mangels der Sache gehindert, so kann er zunächst von dem Vermieter ordnungsgemäße Erfüllung des Vertrages verlangen, sohin die Beseitigung des die Aufhebung oder Minderung des Gebrauches verursachenden Umstandes durch den Vermieter herbeizuführen suchen.

Während bisher für die weiteren Rechte des Mieters, Mietzinser- und Nachlaß, Schadensersatz wegen Mängel des Mietobjektes das Verschulden oder Nichtverschulden des Vermieters ausschlaggebend ist,[191]) regelt das B.G.B. diese Rechte des Mieters einheitlich nach dem Zeitpunkte des Vorhandenseins des Mangels beim, bezw. vor und nach dem Vertragsabschlusse, abgesehen von dem Falle des Selbstverschuldens des Mieters.[192])

Ist der Gebrauchsmangel aus irgend welcher Ursache bereits beim Vertragsabschlusse vorhanden gewesen, z. B. Ungeziefer in der Wohnung, Gartenbenützung infolge des Rechtes eines Dritten beschränkt, zugesichertes Badezimmer nicht hergestellt, so steht dem Mieter das Recht zu, für die Zeit, während welcher die zum vertragsmäßigen oder zugesicherten Gebrauche erforderliche Tauglichkeit des Mietobjektes aufgehoben ist, keinen Mietzins zu bezahlen, für die Zeit, während der die Tauglichkeit desselben gemindert ist,

---

[191]) T. IV C. VI § 4, 5, 11 Ldr.

[192]) § 537—542 B.G.B.

den Mietzins nur in dem Verhältnisse zu bezahlen, in welchem der Wert des Gebrauches der Sache im mangelfreien Zustande zum wirklichen Werte zur Zeit des Gebrauchsentzuges oder der Gebrauchsminderung steht.[193])

Anstatt dieses Rechtes kann er aber auch Schadensersatz wegen Nichterfüllung verlangen und zwar auch dann, wenn der Mangel vom Vermieter nicht zu vertreten ist, also nicht verschuldet ist und demselbem beim Vertragsabschlusse nicht bekannt gewesen ist.[194])

Der Schadensersatzanspruch verpflichtet zunächst zur Herstellung des Zustandes, der bestehen würde, wenn der zum Ersatze verpflichtende Umstand nicht eingetreten wäre, bei Beschädigung von Personen und Sachen nach Wahl des Gläubigers zur Leistung des hierzu erforderlichen Geldbetrages. Soweit die Herstellung nicht möglich ist oder zur Entschädigung des Gläubigers nicht genügend ist, tritt Geldentschädigung ein; dasselbe ist der Fall, wenn die Herstellung für den Schadensersatzpflichtigen nur mit unverhältnismäßigen Aufwendungen möglich ist.

In der Regel wird im Falle des § 538 B.G.B. der Schadensersatz vom Vermieter in Geld zu leisten sein, doch ist die Naturalherstellungspflicht des Vermieters hiernach nicht ausgeschlossen, z. B. beim Verderb der Möbel des Mieters durch Feuchtigkeit der Wohnung; andrerseits ist z. B. Vermieter zur Geldentschädigung berechtigt, wenn infolge Herabfallens der Decke eine schwer zu beschaffende exotische Pflanze zu Grunde geht.

Der zu ersetzende Schaden umfaßt auch den entgangenen Gewinn und zwar gilt als solcher der nach dem gewöhnlichen Laufe der Dinge zu erwartende, z. B. ist derselbe bei

---

[193]) § 537, 472, 473 B.G.B.

[194]) § 538 B.G.B.

Hinderung der Benützung eines Ladens, auch nach der Saison, der bisherigen Kundschaft und Aehnlichem zu bemessen.

Wegen Schadens, welcher nicht Vermögensschaden ist, sogen. Affektionsinteresses, kann ein Schadensersatzanspruch nicht geltend gemacht werden, z. B. wenn Mieter wegen Ablebens eines Familienmitgliedes ein Zimmer besonders in Ehren hält, welches der Benützung entzogen wird.

Ein Mitverschulden des Mieters an der Entstehung des Mangels ist im Falle des § 538 B.G.B. nicht denkbar, dagegen liegt ein solches in dessen Kenntnis des Mangels beim Vertragsabschlusse, worüber unten Weiteres ausgeführt werden wird.[195])

War dagegen der Mangel des Mietobjektes zur Zeit des Vertragsabschlusses noch nicht vorhanden, so hat Mieter, wenn der Mangel vom Vermieter nicht verschuldet ist, z. B. Wasserleitung friert ein und ist unbrauchbar, lediglich das Recht auf Mietzinsnach- oder -Erlaß und Wiederherstellung des zum vertragsmäßigen Gebrauche geeigneten Zustandes.

Das Gleiche gilt, wenn eine zugesicherte Eigenschaft fehlt oder später wegfällt, z. B. bei Zusicherung der freien Aussicht und späteren Aufführung eines gegenüberstehenden Hauses.

Entsteht dagegen der Mangel infolge eines Umstandes, welchen Vermieter zu vertreten hat, z. B. durch bauliche Veränderungen seitens desselben, oder kommt Letzterer mit Beseitigung des Mangels in Verzug, so steht dem Mieter auch das vorbezeichnete Recht auf Schadensersatz gegen den Vermieter zu.[196])

Dem Verschulden des Vermieters steht das seines gesetzlichen Vertreters und der Personen, welcher er sich zur Erfüllung seiner Verbindlichkeiten bedient, gleich, z. B. Hausverwalter.[197])

---

[195]) § 538, 249—254 B.G.B.

[196]) § 537, 538, 284 B.G.B.

[197]) § 278 B.G.B.

Der Schadensersatzanspruch kann hier durch schuldhafte Mitwirkung des Mieters oder seiner Pflegebefohlenen, Dienstboten bei der Entstehung des Mangels überhaupt ganz ausgeschlossen oder eingeengt werden. Es wird z. B. die Feuchtigkeit der Wohnung durch Waschen in derselben hervorgerufen oder auch nur befördert, schlecht zu befestigende Winterfenster werden vom Mieter fahrlässig angebracht ꝛc.

Diese bloße Haftungsbeschränkung durch das Mitverschulden des Mieters ist dem bisherigen Rechte insoferne fremd, als hiernach dessen Verschulden jeden Schadensersatzanspruch gegen den Vermieter auf Grund bloßen Verschuldens desselben ganz ausschließt,[198]) wogegen jetzt ein Abwägen der beiderseitigen Schadensveranlassung eintritt.

Im Falle des Verzuges der Mängelbeseitigung seitens des Vermieters ist der Mieter auch berechtigt, selbst den Mangel zu beseitigen und Ersatz der erforderlichen Aufwendungen vom Vermieter zu verlangen.[199])

Ist der Mangel nach Vertragsabschluß entstanden, so muß Mieter bei Verlust der voraufgeführten Rechte und Vermeidung des Schadensersatzanspruches des Vermieters denselben dem Letzteren unverzüglich anzeigen und selbstverständlich Abhilfe verlangen.[200])

Die vorbezeichneten Rechte des Mieters werden durch dessen Kenntnis des Mangels des Mietobjektes beim Vertragsabschlusse ausgeschlossen.

Dasselbe ist der Fall, wenn dem Mieter infolge grober Fahrlässigkeit der Mangel beim Vertragsabschlusse unbekannt geblieben ist, z. B. derselbe bei einem Neubau die Feuchtigkeit nicht bemerkt, sofern nicht der Vermieter die Abwesenheit des Fehlers besonders zugesichert oder denselben arglistig ver-

---

[198]) § 254 B.G.B.; T. IV C. I § 20 N. 4 Ldr.

[199]) § 538, 256, 257 B.G.B.

[200]) § 545 B.G.B.

schwiegen hat. Endlich kann Mieter die Rechte des § 537, 538 nicht geltend machen, wenn er die Wohnung ꝛc. trotz Kenntnis des Mangels zur Zeit des Einzuges in Gebrauch nimmt und sich nicht ausdrücklich die Wahrung seiner Rechte vorbehält. Im letzteren Falle muß selbst bei arglistigem Verschweigen des Mangels seitens des Vermieters vom Mieter der Vorbehalt gemacht werden.[201])

Dagegen hat der Mieter, wenn die Benutzung eines zum Aufenthalte von Menschen bestimmten Mietobjektes, z. B. auch Geschäftslokales, nicht aber Lagerraumes für Waaren, Stallung, mit einer erheblichen Gefährdung der Gesundheit verbunden ist, immer und daher auch in den beiden voraufgeführten Fällen das Recht ohne Einhaltung einer Kündigungsfrist zu kündigen und dasselbe sofort zu verlassen.[202])

Wenn endlich der Mieter oder eine Person, deren Verschulden er zu vertreten hat, z. B. dessen Vormund, Kind, Pensionszögling, Dienstbote,[203]) den Mangel allein verschuldet, so kann er wegen desselben keinerlei Rechte gegen den Vermieter geltend machen.

Neben diesen Rechten kann der Mieter ohne Einhaltung einer Kündigungsfrist kündigen, wenn ihm der vertragsmäßige Gebrauch der gemieteten Sache zeitlich, räumlich oder eigenschaftlich ganz oder zum Teile nicht gewährt oder wieder entzogen wird, gleichgiltig, ob durch oder ohne Verschulden des Vermieters, jedoch mit der Einschränkung, daß diese Kündigung wegen einer unerheblichen Hinderung oder Vorenthaltung des Gebrauches im Allgemeinen nicht zuläßig ist, wenn sie nicht durch ein besonderes Interesse des Mieters gerechtfertigt wird.

Ob die Hinderung oder Vorenthaltung eine erhebliche

---

[201]) § 539, 460, 464 B.G.B.

[202]) § 544 B.G.B.

[203]) § 278, 831, 832 B.G.B.

und ob ein solch besonderes Interesse des Mieters vorhanden ist, ist im einzelnen Falle Thatfrage und ist dabei insbesondere die Persönlichkeit des Mieters, der Preis und die allgemein übliche Beschaffenheit des Mietobjektes und überhaupt die Verkehrssitte zu berücksichtigen. So wird eine ganz kurze Verspätung der Wohnungseinräumung, das Fehlen kleiner Zubehörungen, wie Schlüssel, das einmalige Verhindern des Gebrauches des Waschhauses nicht als erhebliche Hinderung zu erachten sein, andrerseits erscheint als solche Vorenthaltung z. B. bei einer großen und teueren Wohnung die vollständige Entziehung einer sogen. Dienerschaftstreppe, des alleinigen Gebrauches eines Abortes, wogegen letzteres bei einer ganz kleinen Wohnung in einem von solchen Mietern bewohnten Hause, welche die Mitbenützung eines solchen allgemein zuzulassen pflegen, nicht als erhebliche Vorenthaltung gelten kann.

Ein besonderes Interesse des Mieters, welches die außerordentliche Kündigung trotz Unerheblichkeit der Hinderung des Gebrauches zulässig erscheinen läßt, liegt z. B. bei einer auch nur kurzen Verspätung der Einräumung des Mietobjektes vor, wenn ein Laden für die Dauer einer nur ganz kurze Zeit währenden Messe vermietet wird, wenn die Oefen mangelhaft sind und die Wohnung gerade nur für einen Wintermonat gemietet wird.

Des Weiteren ist diese Kündigung erst zulässig, wenn der Vermieter eine ihm vom Mieter bestimmte angemessene Frist hat verstreichen lassen ohne Abhilfe des Mangels zu schaffen, außer wenn die Erfüllung des Vertrages infolge des die Kündigung rechtfertigenden Umstandes für den Mieter kein Interesse hat.[204])

Entsteht der Mangel im Laufe der Miete erst, so muß der Mieter auch im letzteren Falle dem Vermieter unver-

[204]) § 542 B.G.B.

züglich wenigstens denselben anzeigen, sonst verliert er auch hier das Recht auf die außerordentliche Kündigung.[205])

Bestreitet der Vermieter die nichtrechtzeitige Gewährung des Gebrauches der Mietsache oder seinen Verzug in der Abhilfe des Mangels, so trifft ihn die Beweislast für das Gegenteil.[206])

Auch dieses Recht des Mieters wird durch die Kenntnis des Mangels beim Vertragsabschlusse ausgeschlossen, ebenso durch grobes fahrlässiges Nichtkennen desselben außer bei dessen doloser Verschweigung seitens des Vermieters, endlich durch die Annahme des bekannt fehlerhaften Mietobjektes ohne Vorbehalt der Rechte seitens des Mieters.

Da bei der Miete einer Wohnung diese als solche und nicht die einzelnen Mieträume gemietet werden, kann der Mieter wegen einer erheblichen Hinderung oder Vorenthaltung des Gebrauches auch nur eines Mietraumes das Recht des § 542 B.G.B. geltend machen, dagegen wenn zwei gesonderte Mieträume z. B. Wohnung und Laden in verschiedenen Häusern, wenn auch zu einem Gesamtpreise, jedoch nicht als zusammengehöriges Mietobjekt Gegenstand des Mietvertrages sind, das Recht des § 542 B.G.B. nur bezüglich desjenigen Mietraumes geltend machen, bezüglich dessen die erhebliche Hinderung oder Vorenthaltung des Gebrauches vorliegt. Im letzteren Falle ist der Gesamtmietzins in dem Verhältnisse herabzusetzen, in welchem zur Zeit des Vertragsabschlusses der Gesamtwert der Mietobjekte im mangelfreien Zustande zu dem Werte des von dem Kündigungsrechte des Mieters nicht betroffenen Mietraumes gestanden sein würde.[207])

Hat der Mieter im Falle des außerordentlichen Kündigungsrechtes des § 542 B.G.B. den Mietzins für eine spätere Zeit schon vorausbezahlt, so hat Vermieter denselben neben dem

---

[205]) § 545 B.G.B.

[206]) § 542 B.G.B.

[207]) § 543, 539—541, 469—471 B.G.B.

dem Mieter überdies zustehenden Mietzinserlaß oder Nachlaß während des Bestehens des Mangels der Mietsache für die Zeit von der Auflösung des Mietverhältnisses ab zurückzuerstatten, und zwar wenn der das außerordentliche Kündigungsrecht begründende Umstand durch den Vermieter verschuldet ist, samt 4 % Zinsen seit Empfang desselben, sonst nach den Vorschriften über die Herausgabe einer ungerechtfertigten Bereicherung.[208])

Durch Vereinbarung der Vertragsteile kann die Verpflichtung des Vermieters zur Vertretung von Mängeln der vermieteten Sache beliebig erweitert und beschränkt werden, jedoch ist eine solche Vereinbarung nichtig, wenn der Vermieter den Mangel arglistig verschweigt.[209])

B. Ein weiteres Recht des Mieters ist der Anspruch auf Ersatz der notwendigen Verwendungen und die Wegnahme von Einrichtungen, wogegen er zur Ersatzforderung für sonstige Verwendungen, ohne die bisherige Unterscheidung zwischen nützlichen und luxuriösen, nur nach den Vorschriften über die Geschäftsführung ohne Auftrag berechtigt ist.[210])

Welche Verwendungen notwendige sind, ist im einzelnen Falle Thatfrage und ist hierbei insbesondere auf den Gebrauchszustand der Mietsache beim Vertragsabschlusse und die Länge der Mietsdauer Rücksicht zu nehmen; so z. B. kann als solche das Weißen der Küche seitens des Mieters innerhalb angemessener Zwischenräume erscheinen, wenn derselbe viele Jahre in der gleichen Wohnung ist und Mieter nicht vereinbarungsgemäß solche Reparaturen selbst vornehmen muß.

Nimmt der Mieter andere als notwendige Verwendungen vor, so muß er sobald als thunlich dies dem Vermieter

[208]) § 543, 347, 246, 818 B.G.B.
[209]) § 540 B.G.B.
[210]) § 547 B.G.B. T. IV C. VI § 8 Lbr.

anzeigen und, wenn nicht Gefahr in Verzug ist, dessen Entschließung abwarten; auch ist er verpflichtet demselben die erforderlichen Nachrichten zu geben und Rechenschaft abzulegen.[211])

Der Vermieter hat den aufgewendeten Betrag von der Zeit der Aufwendung ab mit 4 % zu verzinsen, auch kann der Mieter Befreiung von der Verbindlichkeit verlangen, doch kann der Vermieter bis zur Fälligkeit derselben statt Befreiung Sicherheit leisten.[212])

Bei Wegnahme von Einrichtungen muß der Mieter die Mietsache auf seine Kosten in den vorigen Stand setzen, z. B. hat er abgerissene Oefen wieder herzustellen, wenn er bunte Fenster eingesetzt hat die weißen wieder einglasen zu lassen, das als Badezimmer benutzte Magdzimmer wieder als solches herzurichten.

Der Vermieter kann die Wegnahme der Einrichtung verweigern bis Mieter ihm für den mit derselben verbundenen Schaden Sicherheit geleistet hat.[213])

Die Ansprüche des Mieters auf Gestattung der Wegnahme der Einrichtung verjähren in 6 Monaten vom Ende des Mietverhältnisses ab.

5. Des Mieters Pflichten.

A. Da der Mieter nur das Recht auf den vertragsmäßigen Gebrauch der Mietsache hat, so ist es seine Pflicht dieselbe im Rahmen dieses Gebrauches zu benutzen.

Unter vertragswidrigen Gebrauch ist jeder Verstoß gegen die ausdrücklichen oder auch nur stillschweigenden Vertragsbestimmungen zu verstehen.

Der Mieter muß die Mietsache in persönlicher und

---

[211]) § 683, 679, 666, 259 B.G.B.

[212]) § 246, 256, 257, 232 ff. B.G.B.

[213]) § 258, 232 ff. B.G.B.

sachlicher Beziehung vertragsgemäß benutzen, er muß dies sowohl persönlich thun, als auch dafür Sorge tragen, daß dies von seinen Familienmitgliedern, Dienstboten ꝛc. geschieht.

Er darf in ersterer Richtung z. B. nicht durch übermäßiges Lärmen, auch Musizieren, die übrigen Mitbewohner des Hauses übermäßig und dauernd stören, nicht gestatten, daß in seiner Wohnung durch andere Personen, auch z. B. vorübergehend sich bei ihm einfindende Freunde dergleichen geschieht, und muß in letzterer Beziehung die Mietsache lediglich zu dem Zwecke benutzen, zu welchem sie gemietet ist, z. B. die Wohnung als solche, nicht als Geschäftslokal, die Werkstätte als solche, nicht als Wohnung, immer abgesehen von gerade hierauf gerichteten Vertragsbestimmungen.

Der Mieter vertritt hierbei das Verschulden seines gesetzlichen Vertreters, derjenigen Personen, welche er sich zur Erfüllung seiner Verbindlichkeiten bedient und eines jeden Aftermieters.[214])

Der vertragsgemäße Gebrauch wird nicht dadurch zum vertragswidrigen, daß durch denselben die Mietsache geändert oder verschlechtert wird.[215])

Ob eine solche durch vertragsmäßigen Gebrauch herbeigeführte Veränderung oder Verschlechterung der Mietsache vorliegt oder ein vertragswidriger Gebrauch ist Thatfrage und kommt hierbei insbesondere der Zweck des Mietraumes und die Dauer der Mietzeit in Betracht.

Setzt der Mieter den vertragswidrigen Gebrauch der Mietsache trotz Abmahnung des Vermieters fort, so kann Letzterer zunächst auf Unterlassung klagen.[216])

Wenn dieser vertragswidrige Gebrauch des Mietraumes trotz der vorerwähnten Abmahnung des Vermieters vom

---

[214]) § 535, 580, 278, 549 B.G.B.

[215]) § 548 B.G.B.

[216]) § 550 B.G.B.

Mieter oder demjenigen, welchem dieser mit Zustimmung des Letzteren den Gebrauch der gemieteten Sache überlassen hat, also von dem vom Vermieter zugelassenen Aftermieter fortgesetzt wird, und dieser Gebrauch die Rechte des Vermieters im erheblichen Maße verletzt, kann Letzterer das Mietverhältnis ohne Einhaltung einer Kündigungsfrist kündigen.[217])

Eine solche erhebliche Verletzung der Rechte des Vermieters liegt insbesondere dann vor, wenn der Mieter den Gebrauch der Sache unbefugt einem Dritten läßt, sei es entgeltlich oder unentgeltlich, trotzdem Vermieter dies untersagt hat, wenn der Mieter die Sache durch Vernachlässigung der ihm obliegenden Sorgfalt erheblich gefährdet, z. B. durch Verwahrung feuergefährlicher Gegenstände in großer Menge, durch außergewöhnliche Vernachlässigung der Reinlichkeit, aber auch dann, wenn der Mieter durch sein Verhalten dem Vermieter die Möglichkeit entzieht seine Pflichten den anderen Mietern gegenüber vollständig zu erfüllen, z. B. wenn Mieter den Hauseingang fortwährend mit Gegenständen verstellt, wodurch der Durchgang für die Mitbewohner unmöglich oder doch erheblich belästigend wird.

Auch bei diesem Kündigungsrechte des Vermieters gilt das oben bezüglich der Rückerstattung des vorausbezahlten Mietzinses Ausgeführte,[218]) so daß sich auch hier Vermieter durch vertragsmäßige Bestimmung hiergegen schützen muß.

B. Der Mieter hat nicht das Recht ohne Erlaubnis des Vermieters den Gebrauch der Mietsache einem Dritten zu überlassen weder ganz noch teilweise, weder vorübergehend noch während der ganzen Mietsdauer, weder unentgeltlich noch entgeltlich, während bisher die Aftervermietung gesetzlich zulässig ist.[219])

---

[217]) § 553 B.G.B.

[218]) § 555 B.G.B.

[219]) § 549 B.G.B. T. IV C. VI § 20 Ldr.

Immerhin muß es sich hierbei aber um einen „Gebrauch der Mietsache" handeln; ein solcher kann nicht darin erblickt werden, daß z. B. Mieter Besuche in der Wohnung empfängt, daß derselbe dritte Personen vorübergehend unentgeltlich beherbergt, daß derselbe unentgeltlich die Besichtigung eines Festzuges Bekannten gestattet; andererseits ist der Mieter ohne Erlaubnis des Vermieters nicht berechtigt einen weiteren Hausgenossen, z. B. Pensionär aufzunehmen, die Wohnung gewerbsmäßig auch nur auf Stunden zu vermieten. Es bleibt im einzelnen Falle eben Thatfrage ob eine „Ueberlassung des Gebrauches" an einen Dritten vorliegt oder nicht.

Der Vermieter hat das Recht die Erlaubnis zur Weiterüberlassung des Gebrauches der Mietsache ohne Angabe eines Grundes zu verweigern.

Wird die Erlaubnis erteilt, allgemein oder für den einzelnen Fall, so hat der Mieter dennoch das dem Dritten bei dem Gebrauche der Mietsache zur Last fallende Verschulden zu vertreten.

Ueberläßt der Mieter den Gebrauch der Sache dem Dritten ohne Erlaubnis oder gegen das Verbot des Vermieters, so kann dieser nach erfolgloser Abmahnung ohne Einhaltung einer Kündigungsfrist kündigen.

Der Mieter kann jedoch, wenn die Erlaubnis verweigert wird und Vermieter dieselbe nicht wegen eines in der Person des Dritten liegenden wichtigen Grundes zu verweigern berechtigt ist, z. B. bei notorischer Zahlungsunfähigkeit des Dritten, das Mietverhältnis unter Einhaltung der gesetzlichen Kündigungsfrist kündigen, muß dies aber dann für die nächst mögliche gesetzliche Frist thun, sonst hat er für die betreffende Erlaubnisverweigerung auf dieses Recht stillschweigend verzichtet.[220])

Durch dieses Kündigungsrecht des Mieters ist das ge-

[220]) § 549, 553 B.G.B.

setzliche Verbot der Aftermiete praktisch zu Gunsten des Letzteren erheblich eingeschränkt, da derselbe in vielen Fällen, insbesondere bei nur teilweiser Aftervermietung der Mietsache, wie einzelner Zimmer, den Vermieter durch die Gefahr der vorzeitigen Kündigung zur Erteilung der Erlaubnis zur Weiterüberlassung der Mietsache bewegen wird.

C. Des Weiteren hat der Mieter die Pflicht der Mängelanzeige.

Da demselben die Aufsicht über die Mietsache obliegt, muß er dem Vermieter unverzüglich Anzeige erstatten, wenn sich im Laufe der Miete ein Mangel der gemieteten Sache zeigt oder Vorkehrungen zum Schutze der Sache gegen eine nicht vorhergesehene Gefahr notwendig werden, insbesondere auch dann, wenn sich ein Dritter Rechte an der Sache anmaßt, z. B. wenn die Wasserleitung schadhaft wird, wenn ein Dritter den gemieteten Hofraum für seine Zwecke benützen will.

Unterläßt er die Anzeige, so ist er dem Vermieter zum Ersatze des daraus entstehenden Schadens verpflichtet und verliert auch das Recht auf Mietzinserlaß und Nachlaß, Schadensersatz wegen Nichterfüllung und auf außerordentliche Kündigung wegen dieses Mangels, wenn Vermieter infolge Unterlassens der Anzeige Abhilfe des Mangels zu schaffen außer Stande war.

Dies ist insbesondere bei anfänglich kleinen Mängeln vom Mieter zu beachten, welche nach und nach durch Umsichgreifen dem Vermieter beträchtlichen Schaden zufügen können, z. B. Risse in der Decke, Schäden in der Badeeinrichtung, Mängel in der Versitzgrube eines Stalles u. s. w.[221])

D. Die weitere Pflicht des Mieters zur Leistung des Mietzinses ist oben bereits eingehend erörtert.

---

[221]) § 545 B.G.B.

E. Eine Pflicht die gemietete Sache zu benützen besteht im Allgemeinen für den Mieter nicht; derselbe kann, abgesehen von besonderer Vertragsbestimmung, welche z. B. bei Vermietung eines Mietobjektes als Gastwirtschaft zweckdienlich sein kann, die gemietete Sache gar nicht in Benützung nehmen; doch kann unter Umständen durch die Nichtbenützung ein vertragswidriger Gebrauch erfolgen,[222]) wenn z. B. Mieter die gemietete Wohnung lange Zeit unbenützt ohne Lüftung und Reinigung läßt und hierdurch deren Zustand erheblich verschlechtert wird.

IV. Abschnitt.

Beendigung des Mietverhältnisses.

A. Ordentliche Endigungsgründe.

1. Gegenseitige Willensübereinstimmung.

Kommen beide Vertragsteile dahin überein, daß und wann und in welcher Weise das Mietverhältnis aufhören soll, so wird dasselbe hierdurch, wie jedes Schuldverhältnis, beendigt.

2. Zeitablauf.

Wenn für das Mietverhältnis von den Vertragsteilen ein bestimmter Endtermin oder eine bestimmte Mietsdauer, z. B. die einer Messe, eines Festes, bestimmt worden ist, so endigt am vereinbarten Endtermine oder dem Ende des betreffenden Ereignisses das Mietverhältnis, ohne daß es einer Willenserklärung der Vertragsteile bedarf.

Eine nach Tagen bestimmte Frist endigt mit dem Ablaufe des letzten Tages der Frist, eine solche nach Wochen, Monaten, nach halben, Vierteljahr, Jahren mit dem Ablaufe des-

---

[222]) § 550, 553 B.G.B.

jenigen Tages der letzten Woche oder des letzten Monates, welcher dem Tage vorhergeht, der durch seine Benennung oder seine Zahl dem Anfangstage der Frist entspricht, wobei der erste Tag mitgezählt wird. Unter einem halben Jahre ist eine Frist von 6 Monaten, unter einem Vierteljahre eine solche von 3 Monaten, unter einem halben Monate eine solche von 15 Tagen zu verstehen. Ist eine Frist auf einen oder mehrere ganze Monate und einen halben Monat gestellt, so sind die 15 Tage zuletzt zu zählen.[223])

3. Kündigung.

Das Mietverhältnis kann durch die einseitige Erklärung eines der Vertragsteile, dasselbe zu lösen, beendigt werden.

Diese Erklärung kann aber nicht in jedem beliebigen Zeitpunkte des Mietverhältnisses abgegeben werden und nicht mit rechtlicher Wirkung für jeden beliebigen Zeitpunkt. Sowohl ersterer als letzterer Zeitpunkt kann vertragsmäßig festgesetzt werden und ist dann die Kündigungserklärung nur an der und für die vereinbarte Frist zulässig. Auch hier tritt an Stelle des bestimmten Tages der Kündigungserklärung, wenn derselbe ein Sonntag oder Feiertag ist, der nächstfolgende Werktag.[224]) Die beiden Zeitpunkte können für die beiden Vertragsteile verschiedenartig bestimmt werden, z. B. kann vereinbart werden, daß Vermieter alle Vierteljahre ganzjährig, Mieter alle Monate vierteljährig kündigen kann.

Sind solche vertragsmäßige Bestimmungen nicht getroffen worden, so kann nur an den gesetzlich bestimmten Kündigungsterminen für die gesetzlich bestimmten Kündigungsfristen mit Rechtswirksamkeit die Kündigungserklärung erfolgen. Entgegen den bisherigen Bestimmungen, wonach die Kündigung mangels Vereinbarung je nach den Ortsgewohnheiten erfolgt, in

---

[223]) § 564, 187—189 B.G.B.

[224]) § 193 B.G.B.

München z. B. bei Wohnungen und Läden halbjährig an den Zielen Georgi und Michaeli, bei einzelnen Zimmern monatlich je am 1. des Kalendermonates, bestimmt das B.G.B. für alle Grundstück-Mietverhältnisse die Kündigungstermine einheitlich nach Maßgabe der Zahlungsfristen des Mietzinses.[225])

Hiernach ist als Regel im Zusammenhalte mit der Bestimmung des § 551 B.G.B., wonach der Mietzins für Wohnungen ꝛc. beim Mangel einer Vereinbarung kürzerer Zahlungsfristen nach dem Ablaufe je eines Kalendervierteljahres am ersten Werktage des folgenden Monates zu entrichten ist, bestimmt, daß die Kündigung bei Wohnungen ꝛc. beim Fehlen diesbezüglicher Vertragsbestimmungen nur für den Schluß eines Kalendervierteljahres spätestens am dritten Werktage desselben zu erfolgen hat.

Ist der Mietzins kürzer bemessen, und zwar nach Monaten, wie bei kleineren Wohnungen, so ist die Kündigung nur für den Schluß eines Kalendermonates, spätestens am 15. dieses Monates, ist derselbe nach Wochen bemessen, z. B. bei Schlafstätten, ist die Kündigung nur für den Schluß einer Kalenderwoche, spätestens am ersten Werktag der Woche, endlich wenn der Mietzins nach Tagen bemessen ist, dieselbe an jedem Tage für den folgenden Tag zulässig.[226])

Die regelmäßige Vierteljahrkündigung ist auch dann maßgebend, wenn ohne Kündigungsvereinbarungen der Mietzins nach größeren Zeiträumen als $^1/_4$ Jahr bemessen ist, z. B. bei halb- oder ganzjähriger Mietzinszahlung.

Eine weitere Neuregelung der Kündigungsbestimmungen liegt darin, daß bisher an festbestimmten Zeitpunkten, an den sogen. Zielen, auf den Tag, nicht früher, rechtsverbindlich gekündigt werden kann, wogegen nunmehr jederzeit unter

---

[225]) § 565 B.G.B, T. IV C. VI § 16 Ldr.

[226]) § 565 B.G.B.

Einhaltung der gesetzlich bestimmten Spätestfrist die Kündigungserklärung rechtswirksam erfolgen kann.

Z. B. ist nunmehr bei einem Mietverhältnisse, welches am 1. Januar beginnt, bei vierteljähriger oder noch längerer Mietzinsbezahlung die Kündigung erstmals am 2. und 3. Januar, da der erste Januar Feiertag ist, kommt derselbe nicht in Betracht,[227]) für Ende März, sodann vom 4. Januar bis zum dritten Werktage des April einschließlich an jedem Werktage für Ende Juni zulässig; bei monatlicher Zinszahlung ist in diesem Falle erstmals zwischen 2. und 15. Januar, wenn letzterer ein Sonntag oder Feiertag ist 14. Januar einschließlich für Ende Januar, sodann zwischen 16. Januar und 15. Februar einschließlich für Ende Februar zu kündigen; wenn der Mietzins uach Wochen bemessen ist hat die Kündigung erstmals am 2. Januar (§ 193 B.G.B.) für Schluß der ersten Kalenderwoche, also 7. Januar, sodann zwischen 3. und 8. Januar einschließlich für die nächste Kalenderwoche zu erfolgen. Wenn der Mietbeginn bei vierteljähriger Mietzinsbezahlung zwischen zwei Kalenderabschnitte fällt, z. B. 1. Mai, so ist die Kündigung erstmals erst für Ende September möglich, da nicht mehr spätestens am dritten Werktage des Kalendervierteljahres, April—Juni, gekündigt werden kann, und zwar zwischen dem 1. Mai und dritten Werktage des Juli; ist monatliche Mietzinsbezahlung vereinbart und beginnt die Miete z. B. am 16. Mai, so ist die Kündigung wiederum für Ende Mai nicht mehr zulässig, weil nicht mehr spätestens am 15. des Monates möglich, sondern erst für Ende Juni und zwar vom 16. Mai ab bis spätestens 15. Juni.

Die Kündigung ist eine einseitige Willenserklärung, sie muß daher dem Gegenteile, und zwar entweder diesem selbst oder dem hierzu Bevollmächtigten desselben, erklärt werden,

---

[227]) § 193 B.G.B.

insbesondere wenn sie sich auf das eingebrachte Gut der Ehefrau bezieht dem Ehemanne gegenüber. (§ 1403 B.G.B.)

Ueber den Zeitpunkt, an welchem dieselbe als abgegeben zu erachten ist, gilt das oben beim Vertragsabschlusse Ausgeführte,[228]) insbesondere bezüglich der Kündigung gegenüber dem Geschäftsunfähigen und Geschäftsbeschränkten. Bei mehreren Mietern oder Vermietern muß von allen und gegenüber allen Vertragsgegnern gekündigt werden.[229])

Die Kündigungserklärung ist im Allgemeinen formlos; haben die Parteien aber eine Form, z. B. eingeschriebenen Brief, vereinbart, so ist sie ohne Einhaltung derselben nichtig.[230])

Eine Ausnahme hiervon bestimmt das B.G.B. für Kündigungen des Geschäftsbeschränkten und des Bevollmächtigten insoferne, als der Gegenvertragsteil, wenn er nicht von dem gesetzlichen Vertreter bezw. Vollmachtgeber von deren Genehmigung bezw. Vollmachtserteilung vorher in Kenntnis gesetzt worden ist, dieselbe unverzüglich zurückweisen kann, wenn der Erstere nicht die Einwilligung in schriftlicher Form, der Letztere die Vollmachtsurkunde vorlegt.[231])

Die Kündigung kann auch durch Zustellung des Gerichtsvollziehers, jedoch nicht durch Aufgabe zur Post, und bei unbekanntem Aufenthalt des Vertragsgegners oder nicht auf Fahrlässigkeit beruhender Unkenntnis der Person desselben, z. B. Erben im Auslande, durch öffentliche Zustellung durch das Amtsgericht erfolgen, in dessen Bezirke diejenige Person, welche unbekannten Aufenthaltes ist, den letzten Wohnsitz oder Aufenthalt gehabt hat, oder im letzteren Falle der Erklärende seinen Wohnsitz oder in Ermangelung eines solchen inländischen seinen Aufenthalt hat.[232])

[228]) § 130, 131 B.G.B.

[229]) § 425, 427, 432 B.G.B.

[230]) § 125 B.G.B.

[231]) § 111, 174 B.G.B.

[232]) § 132 B.G.B.

Eine vom B.G.B. nicht besonders behandelte Art der Kündigung ist die sogen. Steigerung, die Erklärung des Vermieters, er kündige das Mietverhältnis, wenn nicht Mieter einen höheren Mietzins zahle.

In dieser Erklärung liegen zwei Rechtsgeschäfte, nämlich die Kündigung und der Antrag auf Eingehung eines neuen Mietverhältnisses. Der Letztere kann strenge genommen erst nach der Ersteren erfolgen, wird aber meist mit derselben gleichzeitig und zwar ohne daß die Kündigung besonders zum Ausdrucke gebracht wird erklärt, z. B. „vom nächsten Monat ab kostet die Wohnung monatlich 3 Mk. mehr.“ Für dieselbe gelten lediglich die im I. Abschnitte gemachten Ausführungen über Vertragsantrag und -Abschluß, wogegen für die hierin mitenthaltene Kündigung das Vorstehende zur Anwendung kommt.

Lehnt der Mieter die Steigerung ausdrücklich ab, so ist der Mietvertrag entsprechend der Kündigung aufgelöst; gibt derselbe keine Erklärung hierauf ab, so ist das gleiche der Fall, da die Annahme des neuen Mietvertrages ordnungsgemäß erklärt werden muß.[238]) Selbstverständlich kann eine Steigerung so lange nicht rechtswirksam erfolgen, als die Kündigung ausgeschlossen ist.

B. Besondere Endigungsgründe.

1. Das B.G.B. enthält einige Fälle, in welchen die ordentliche Endigung des Mietverhältnisses zeitlich eingeschränkt wird. Diese Fälle sind aber von der sogen. außerordentlichen Kündigung, der sofortigen Auflösung des Mietverhältnisses ohne Einhaltung einer Kündigungsfrist zu unterscheiden.

Hierzu zählen nachfolgende Fälle:

a) Der Mieter kann bei Verweigerung der Aftermieteerlaubnis, wenn nicht in der Person des Aftermieters ein

---

[238]) § 146 ff. B.G.B.

wichtiger Grund hierfür für den Vermieter vorliegt, das Mietverhältnis unter Einhaltung der gesetzlichen Frist kündigen.[234])

b) Beiden Vertragsteilen steht diese besondere Kündigung zu bei einem Mietvertrage, der für längere Zeit als 30 Jahre geschlossen ist, nach Ablauf der 30 Jahre, es sei denn, daß der Vertrag auf die Lebensdauer eines der Vertragsteile abgeschlossen wurde.[235])

c) Stirbt der Mieter, so kann sowohl dessen Erbe als der Vermieter unter Einhaltung der gesetzlichen Frist kündigen, jedoch nur für den ersten Termin, für welchen die Kündigung zulässig ist; nach Versäumung dieses ersten Termines bleibt der Vertrag, wie abgeschlossen, bestehen, wie dies überhaupt beim Tode des Vermieters der Fall ist.

Hierin liegt eine wesentliche Aenderung der bisherigen Gesetzesbestimmungen, nach welchen in der Regel der Tod der beiden Vertragsteile keinerlei Rechtswirksamkeit auf den Bestand des Mietvertrages hat.[236])

d) Militärpersonen, Beamte, Geistliche und Lehrer an öffentlichen Unterrichtsanstalten können im Falle der Versetzung nach einem anderen Orte das Mietverhältnis in Ansehung der Räume, z. B. Wohnung, Stallung, welche sie für sich oder ihre Familie an dem bisherigen Garnisonsorte oder Wohnorte, also nicht auch Sommerwohnung in der Nähe der Letzteren, gemietet haben, unter Einhaltung der gesetzlichen Frist kündigen, jedoch nur für den ersten Termin, für welchen die Kündigung zulässig ist.[237])

Für diese Abarten der ordentlichen Kündigung gilt alles Obenausgeführte bezüglich dieser, inbesondere auch bezüglich der Rückerstattungspflicht des vorausbezahlten Mietzinses. Dieselben können durch Vertrag im Voraus ausgeschlossen werden.

[234]) § 549 B.G.B.

[235]) § 567 B.G.B.

[236]) § 569 B.G.B., T. IV C. VI § 13 Ldr.

[237]) § 570 B.G.B.

e) Der Konkurs des Mieters und Vermieters hat auf die Endigung des Mietverhältnisses die in den §§ 15, 17, 18, 52 der Konkursordnung enthaltenen Rechtsfolgen.

f) Wenn der Nießbraucher, insbesondere auch der Vater, welchem die Nutznießung an einem zum Vermögen des Kindes gehörigen Grundstücke zusteht, dasselbe über die Dauer des Nießbrauches hinaus vermietet, so ist der Eigentümer nach Beendigung des Nießbrauches berechtigt unter Einhaltung der gesetzlichen Kündigungsfrist zu kündigen, bei Verzicht auf den Nießbrauch erst von der Zeit an, zu welcher der Nießbrauch ohne den Verzicht erlöschen würde.

Der Mieter kann den Eigentümer unter Bestimmung einer angemessenen Frist zur Erklärung darüber auffordern, ob er von dem Kündigungsrechte Gebrauch mache, in welchem Falle die Kündigung innerhalb dieser Frist erfolgen muß.[238])

2. Verschieden von diesen Fällen der besonderen Endigung des Mietverhältnisses ist die außerordentliche Kündigung desselben, die sofortige Auflösung des Mietvertrages aus bestimmten wichtigen Gründen, welche ein Fortbestehen desselben unthunlich erscheinen lassen.

Dem Mieter steht dieses Recht der sofortigen Auflösung des Mietverhältnisses nur in den Fällen der §§ 542 und 544 B.G.B., dem Vermieter in den Fällen der §§ 553 und 554 B.G.B. zu, bezüglich deren näherer Erörterung auf den II. Abschnitt verwiesen wird.

Weitere außerordentliche Kündigungsgründe als diese sind dem B.G.B. fremd, insbesondere der bisher als solcher geltende eigene Bedarf der Mietsache auf Seite des Vermieters;[239]) doch können solche, soweit nicht die gute Sitte entgegensteht, im weitesten Maaße vertragsmäßig festgesetzt werden.

---

[238]) § 1056, 1663, 2135 B.G.B.

[239]) T. IV C. VI § 17 N. 1 Ldr.

C. Die Rechtswirkungen der Veräußerung des vermieteten Grundstückes[240]) auf die Beendigung des Mietvertrages.

Für die sogen. Singularsuccession ist bisher für das diesseitige Bayern der Landtagsabschied vom 18. Januar 1871 maßgebend. Hiernach geht der Mietvertrag auf den neuen Erwerber über, die beiden Vertragsteile, der Mieter und der neue Erwerber, sind aber berechtigt vor Ablauf der festgesetzten Mietzeit das Mietverhältnis unter Beobachtung der ortsüblichen Aufkündigungsfrist zu kündigen, falls eine kürzere Frist nicht vereinbart ist.

Das B.G.B. hat den Rechtsgrundsatz „Kauf bricht nicht Miete" aufgenommen,[241]) jedoch nicht vollständig durchgeführt.

Voraussetzung für den Uebergang des Mietvertrages auf den neuen Erwerber ist die vorhergehende Ueberlassung der vermieteten Sache an den Mieter ehe der Eigentumsübergang erfolgt oder Uebernahme des Mietvertrages seitens des Erwerbers dem Vermieter gegenüber.[242])

Ist die vermietete Sache vor dem Eigentumsübergang dem Mieter noch nicht überlassen worden und ist der neue Erwerber derselben nicht dem Vermieter gegenüber in den Mietvertrag ausdrücklich eingetreten, so stehen dem Mieter keine Rechte aus dem abgeschlossenen, aber noch nicht in Vollzug gesetzten Mietvertrage zu; dem Vermieter gegenüber kann er sich lediglich durch Vertragsstrafbestimmungen für den Fall der Nichtüberlassung der Mietsache sichern, von welcher Befugnis Gebrauch zu machen dem Mieter von größeren Mietobjekten bei einem späteren Anfangstermine des Mietverhältnisses geraten werden muß.

---

[240]) § 580 B.G.B.

[241]) § 571, 577 B.G.B.

[242]) § 578 B.G.B.

Wenn dagegen der Erwerber dem Vermieter gegenüber die Erfüllung der sich aus dem Mietsverhältnis ergebenden Verpflichtungen übernommen hat, so geht der Mietvertrag auf den Erwerber über, wie wenn die vermietete Sache dem Mieter schon vor dem Eigentumsübergang auf den Ersteren übergeben worden wäre.

Wenn auch der Erwerber des vermieteten und bereits dem Mieter vor dem Eigentumsübergange überlassenen Grundstückes in die Rechte und Pflichten aus dem Mietverhältnisse eintritt, so ist hierdurch der Vermieter noch nicht von jeder Haftung aus demselben gegenüber dem Mieter befreit.

Dagegen ist dies der Fall, wenn der Eigentumsübergang vor Ueberlassung der Mietsache an den Mieter erfolgte, auch wenn der neue Erwerber in den Mietvertrag dem Vermieter gegenüber eintritt. Hier wird es so angesehen, als ob der Mietvertrag nicht nur thatsächlich, sondern auch rechtlich erst zwischen dem neuen Erwerber und Mieter seinen Anfang nähme. Der Mieter kann dem Vermieter gegenüber in diesem Falle nicht mehr Rechte haben, als wenn der Mietvertrag bei Nichtübernahme desselben durch den neuen Erwerber gar nicht zur thatsächlichen Geltung gelangte.

Im ersteren Falle ist die Haftung des Vermieters zeitlich verschieden, je nachdem derselbe dem Mieter Kenntnis von der Veräußerung des Mietobjektes gibt oder nicht.

Es haftet derselbe dem Mieter für den von dem Erwerber zu ersetzenden Schaden der Nichterfüllung der Verbindlichkeiten aus dem Mietverhältnisse wie ein Bürge, der auf die Einrede der Vorausklage verzichtet hat, derselbe kann also den Vermieter direkt belangen.[243])

Diese Haftung des Vermieters erlischt, wenn er den Mieter von dem Eigentumsübergang in Kenntnis gesetzt hat

[243]) § 571, 773, 767, 768, 770, 774 B.G.B.

und Letzterer nicht für den ersten Termin nach Erhalt dieser Kenntnis durch den Vermieter das Mietverhältnis kündigt, für welchen die Kündigung entweder vertragsmäßig oder gesetzlich zulässig ist.[244]) Es ist dann anzunehmen, daß Mieter von diesem Termine ab den neuen Erwerber als Vermieter angenommen hat; für den Schaden aus der Nichterfüllung der Mietvertragsverpflichtungen des Erwerbers bis zu diesem ersten möglichen Endigungstermine des Mieters haftet der Vermieter auch in diesem Falle. Wenn z. B. die Veräußerung des vermieteten Grundstückes am 1. Januar erfolgt und die Mitteilung hiervon gleichzeitig vom Vermieter an den Mieter geschieht, derselbe aber erstmals hiernach vertragsmäßig erst am 1. April für 1. Juli kündigen kann und nicht an diesem Termine kündigt, besteht die Haftung des Vermieters bis 1. Juli.

Wird das vermietete Grundstück nach der Ueberlassung an den Mieter von dem Vermieter mit dem Rechte eines Dritten belastet, so ist die Haftung des Vermieters bei vollständigem Entzuge des vertragsmäßigen Gebrauches des Mieters durch die Ausübung dieses Rechtes die gleiche, wie bei der Veräußerung desselben, der Mietvertrag selbst wird durch die Belastung nicht beeinträchtigt.

Ist die Belastung vor Ueberlassung der Mietsache an den Mieter erfolgt, so gelten gleichfalls die voraufgeführten Bestimmungen bezüglich der Veräußerung des Grundstückes.

Wird durch die Ausübung des eingeräumten Rechtes der vertragsmäßige Gebrauch des Mieters nur beschränkt, so ist der Dritte dem Mieter gegenüber verpflichtet die Ausübung zu unterlassen, soweit sie diesen Gebrauch beeinträchtigen würde.[245])

Wird das vermietete Grundstück von dem Erwerber

---

[244]) § 571 B.G.B.

[245]) § 577, 578 B.G.B.

weiter veräußert nach Ueberlassung an den Mieter, vor oder nach seinem und vor dem weiteren Eigentumserwerbe, so treten der zweite und die weiteren Erwerber desselben in das ursprüngliche Mietverhältnis an die Stelle des Vermieters.

Deren Haftung bei der Weiterveräußerung ist die gleiche wie die des Vermieters bei der ersten Veräußerung des vermieteten Grundstückes nach § 571 Abs. 2 B.G.B., wenn der erste Vermieter auf Grund des § 571 Abs. 2 von seiner Haftung befreit ist; bis zu diesem Zeitpunkte haftet der weiterveräußernde Erwerber nicht, sondern lediglich der Vermieter.

Ist das vermietete Grundstück bei der zweiten Weiterveräußerung dem Mieter noch nicht übergeben, so geht der Mietvertrag auf den zweiten und folgenden Erwerber lediglich unter der Voraussetzung des § 578 B.G.B. über.

Der ursprüngliche Vermieter haftet für die Vertragserfüllung des zweiten und weiteren Erwerbers des vermieteten Grundstückes aber im ersteren Falle immer noch weiter und zwar so lange, als Mieter nicht von ihm bezüglich der ersten und weiteren Veräußerung in Kenntnis gesetzt ist und für den hierauf erst zulässigen Termin gekündigt hat.

Für den Fall der Weiterbelastung gelten entsprechend die Vorschriften der §§ 577, 578 B.G.B.

Endlich finden hierbei auch die Vorschriften über die Wirksamkeit von Verfügungen des Vermieters über den späteren Mietzins, die Vorausbezahlung entsprechende Anwendung.[246])

Wenn auch im Allgemeinen der neue Erwerber in die Rechte und Pflichten des Vermieters eintritt, so bedürfen einzelne derselben doch einer besonderen Regelung.

Hat der Mieter dem Vermieter für die Erfüllung seiner Verpflichtungen Sicherheit geleistet, so tritt der Erwerber in die dadurch begründeten Rechte ein. Zur Rückgewähr

---

246) § 579 B.G.B.

derselben ist er nur verpflichtet, wenn sie ihm ausgehändigt wird oder wenn er dem Vermieter gegenüber die Verpflichtung zur Rückgewähr übernimmt.[247])

Besonders sind zweierlei Rechtsgeschäfte bezüglich des Mietzinses bei der Veräußerung des Mietobjektes von Bedeutung.

Erstens die Verfügung des Vermieters vor dem Eigentumsübergange über den auf die Zeit der Berechtigung des Erwerbers entfallenden Mietzins und zweitens die Vorausbezahlung eines solchen Mietzinses.

Eine Verfügung ersterer Art, z. B. die Uebertragung solcher Mietzinsforderungen an einen Dritten, ist insoweit wirksam, als sie sich auf den Mietzins für das zur Zeit des Ueberganges des Eigentums laufende und das folgende Kalendervierteljahr bezieht, für die spätere Zeit nur, wenn der Erwerber sie zur Zeit des Ueberganges des Eigentums kennt.[248])

Die Vorausbezahlung des Mietzinses ist bisher nur für die Zeit bis zu dem dem Eigentumsübergange folgenden Kündigungstermine, abgesehen von den besonderen Bestimmungen bei der Zwangsversteigerung, rechtlich wirksam.[249])

Nunmehr ist zu unterscheiden, ob das Rechtsgeschäft zwischen dem Mieter und Vermieter in Ansehung der Mietzinsforderung, z. B. Stundungsvertrag, insbesondere aber die Entrichtung des Mietzinses vor oder nach dem Uebergange des Eigentums vorgenommen wurde.

Ist dasselbe vor dem Eigentumsübergange vorgenommen worden, so ist es dem Erwerber gegenüber insoweit wirksam, als es sich nicht auf den Mietzins für eine spätere Zeit, als das Kalendervierteljahr, in welchem der Mieter von dem

---

[247]) § 572 B.G.B.

[248]) § 573 B.G.B.

[249]) Landtagsabschied vom 18. Januar 1871, § 21 Abs. 3.

Uebergange des Eigentums Kenntnis erlangt, und das folgende Vierteljahr bezieht.

Erfolgt dasselbe nach dem Uebergange des Eigentums, so ist es vollständig rechtsunwirksam, wenn der Mieter hierbei von letzterem Kenntnis hat.[250])

Der Mieter, welcher für längere Zeit im Voraus den Mietzins bezahlt hat vor dem Eigentumsübergange und welchem derselbe sofort mitgeteilt wird, sei es vom Vermieter oder Erwerber, wird hierdurch allerdings in die mißliche Lage versetzt, den Mietzins über die betreffenden beiden Kalendervierteljahre hinaus doppelt bezahlen zu müssen, doch sind solche weitergehende Vorauszahlungen immerhin selten und muß andrerseits der neue Erwerber, welcher seinerseits die Pflichten aus dem Mietvertrage erfüllen muß, vor solch weitgehenden Einschränkungen seines wesentlichen Rechtes aus dem Mietvertrage dem Mieter gegenüber geschützt werden.

Nachdem Mieter Kenntnis von dem erfolgten Eigentumsübergange erhalten hat, darf derselbe keinerlei Rechtsgeschäft bezüglich des von demselben ab fällig werdenden Mietzinses mit dem Vermieter mehr abschließen.

Stehen dem Mieter Forderungen gegen den Vermieter zu, so kann er mit diesen insoweit dem Erwerber gegenüber aufrechnen, als die Entrichtung des Mietzinses an den Vermieter nach dem Vorstehenden dem Erwerber gegenüber wirksam ist, also für den Mietzins des Kalendervierteljahres, in welchem er von dem Eigentumsübergange Kenntnis erlangt hat und denjenigen für das folgende Vierteljahr.

Die Aufrechnung ist ausgeschlossen, wenn der Mieter die Gegenforderung nach Kenntnis des Eigentumsüberganges erlangt hat oder dieselbe erst nach Erlangung der Kenntnis und später als der Mietzins fällig geworden ist.[251])

---

[250]) § 574 B.G.B.

[251]) § 575, 406, 387 ff. B.G.B.

Andrerseits bestimmt das B.G.B. zum Schutze des Mieters gegen Doppelzahlungen des Mietzinses, daß der Vermieter die Anzeige des Eigentumsüberganges an den Mieter gegen sich gelten lassen muß, auch wenn derselbe nicht erfolgt oder nicht rechtswirksam ist und daß die Anzeige nur mit Zustimmung desjenigen zurückgenommen werden kann, welcher als der neue Eigentümer bezeichnet worden ist, und zwar muß diese Zustimmung entweder persönlich vom Erwerber erfolgen oder auf Verlangen des Mieters in schriftlicher Form vom Vermieter nachgewiesen werden.[252])

Hat der Nießbraucher eines Grundstückes, insbesondere auch der Vater, das Grundstück über die Dauer des Nießbrauchs vermietet, so finden nach der Beendigung desselben die vorstehenden Bestimmungen bezüglich der Wirkung der Anwesensveräußerung entsprechende Anwendung, jedoch mit der oben angeführten Einschränkung der Kündigungsbefugnis des Eigentümers der Mietsache und des Aufforderungsrechtes des Mieters zur Erklärungsabgabe an den Eigentümer.[253])

Die Wirkungen der Zwangsversteigerung des vermieteten Grundstückes auf das Mietverhältnis werden durch das zu erlassende Gesetz betreffend die Zwangsvollstreckung in das unbewegliche Vermögen besondere Regelung finden.

V. Abschnitt.

Rechtsverhältnisse nach Beendigung des Mietverhältnisses.

A. Rückgabe der Wohnung.

Der Mieter ist verpflichtet die gemietete Sache nach der Beendigung des Mietverhältnisses zurückzugeben.

Die Rückgabe, d. h. das vollständige Verlassen der ge-

[252]) § 576, 182 Abs. 3, 111 B.G.B.

[253]) § 1056, 1663 B.G.B.

mieteten Sache muß sofort nach Ablauf der Mietdauer, vertragsmäßigen oder gesetzlichen, erfolgen, demnach müßte die Wohnung Nachts 12 Uhr des letzten Tages der Mietdauer zurückgegeben werden, bezw. wenn dieser ein Sonntag oder Feiertag ist, um diese Zeit des nächstfolgenden Werktages.[254])

In der Praxis ist dies nicht denkbar und erscheint die streng wörtliche Ausführung dieser Bestimmung auch durch den Grundsatz ausgeschlossen, daß die Vertragsteile ihre Leistung so zu bewirken haben, wie Treu und Glauben mit Rücksicht auf die Verkehrssitte es erfordern.[255])

Ueberdies soll in der Novelle zur Zivilprozeßordnung eine Bestimmung aufgenommen werden, nach welcher in einem auf Räumung lautenden Urteile eine angemessene Auszugsfrist aufgenommen werden muß.[256])

Bei der Räumung auf Grund außerordentlicher Kündigung besteht jetzt für das Gebiet des bayer. Landrechts und München die Bestimmung im Urteile und Gewährungspflicht des Vermieters zu einer mindestens 14tägigen Frist.[257]) Diese Bestimmung bleibt aufrechterhalten und kann auch nach dem Inkrafttreten des B.G.B. landesgesetzlich abgeändert und ergänzt werden.[258])

Die verwaltungsrechtlichen einschlägigen Bestimmungen werden durch das B.G.B. nicht berührt; es verbleibt demnach in München die k. Polizeidirektion befugt, bei nichtstreitigen Mietverhältnissen den Mietparteien Anordnungen bezüglich der Räumung von Wohnungen, nicht auch anderen Mieträumen, zu erlassen und zwangsweise vollziehen zu lassen.[259])

---

[254]) § 556, 564, 188, 193 B.G.B.

[255]) § 242 B.G.B.

[256]) Resolution der Reichstagskomm. zu § 572 a.

[257]) Anm. 4e zu T. IV C. VI § 21 Ldr.

[258]) Art. 93, 3.

[259]) P.Str.G.B. Art. 38.

Der Mieter hat die gemietete Sache vollständig und in dem Zustande zurückzugeben, wie er dieselbe vom Vermieter erhalten hat, abgesehen von den durch den vertragsgemäßen Gebrauch herbeigeführten Veränderungen und Verschlechterungen derselben, falls nicht weitergehende Verpflichtungen des Mieters vertragsgemäß festgesetzt sind, z. B. vollständig neues Ausmalen der Küche 2c. Das Recht des Mieters zur Wegnahme der von ihm gemachten Einrichtungen ist schon oben näher erörtert. Die Ersatzansprüche des Vermieters wegen Veränderungen oder Verschlechterungen der Mietsache verjähren in 6 Monaten, beginnend mit dem Zeitpunkte der Zurückgabe derselben und sind verjährt mit der Verjährung auf Rückgabe der Mietsache.[260])

Ausdrücklich ist jedes Zurückbehaltungsrecht des Mieters von Grundstücken, also Wohnungen 2c., an der Mietsache wegen dessen Ansprüche an den Vermieter ausgeschlossen im Gegensatze zum bisherigen Rechte.[261])

Endlich ist noch zu bemerken, daß der Vermieter die Mietsache nach Beendigung des Mietverhältnisses direkt vom Aftermieter des Mieters zurückverlangen kann, obwohl er während des Mietverhältnisses mit diesem in keinerlei Rechtsbeziehungen tritt.[262])

B. Stillschweigende Fortsetzung des Mietverhältnisses nach dessen Beendigung.

Wird nach dem Ablaufe der vertragsmäßigen oder gesetzlichen Mietzeit der Gebrauch der Sache von dem Mieter fortgesetzt, so gilt das Mietverhältnis als auf unbestimmte Zeit verlängert, soferne nicht der Mieter oder Vermieter seinen entgegenstehenden Willen binnen einer Frist von zwei

---

260) § 547, 548 B.G.B.

261) § 556, 558 B.G.B. T. IV C. VI § 8 N. 4 Ldr.

262) § 556 B.G.B.

Wochen dem anderen Teile erklärt, wobei die Frist für den Mieter mit der Fortsetzung des Gebrauches, für den Vermieter mit dem Zeitpunkt der Kenntniserlangung dieser Fortsetzung des Gebrauches beginnt.[263])

Bleibt also Mieter nach Beendigung des Mietverhältnisses noch in der gemieteten Wohnung, z. B. wegen Erkrankung eines Familienmitgliedes, wegen Verzögerung seines Umzuges, so kommt es für ihn darauf an, ob dieses Verweilen länger als zwei Wochen von der Beendigung des ursprünglichen Mietvertrages an dauert oder nicht. Ist dies nicht der Fall, erhebt der Vermieter auch keinen Einspruch gegen das Verbleiben in der Wohnung, so entsteht kein neues Mietverhältnis unter den bisherigen Vertragsteilen, der Vermieter kann aber, abgesehen von der Geltendmachung eines weiteren Schadens bei einem Widerspruche seinerseits gegen den Fortgebrauch der Mietsache durch den bisherigen Mieter, von Letzterem für die Dauer der Vorenthaltung der Mietsache als Entschädigung den verhältnismäßigen vereinbarten Mietzins verlangen.[264])

Dauert eine solche Fortbenützung der Mietsache länger als zwei Wochen seit Beendigung des Mietverhältnisses, so muß Mieter vor Ablauf der zwei Wochen dem Vermieter erklären, daß er die Mietsache lediglich weiter benützen, aber nicht mieten wolle, unterläßt er dies oder erklärt Vermieter nicht innerhalb zwei Wochen, nachdem er von der Weiterbenützung Kenntnis erlangt hat, dem Mieter, daß er den Weitergebrauch nicht gestatte oder daß er zwar diesen noch dulde, aber kein Mietverhältnis eingehen wolle, so gilt das Mietverhältnis als auf unbestimmte Zeit verlängert, nicht wie bisher auf die bis dahin vereinbarte oder gesetzliche Mietsdauer, wobei es auf die Zeitdauer der Fortbenützung

---

[263]) § 568 B.G.B.
[264]) § 557 B.G.B.

über zwei Wochen für den Mieter nicht ankommt und dieselbe auch für den Vermieter insoferne gleichgiltig ist, als für seine Erklärungsverpflichtung lediglich der Zeitpunkt seiner Kenntniserlangung des Weitergebrauches maßgebend ist, wogegen bisher die stillschweigende Weitervermietung erst beim Verbleiben des Mieters in der Mietsache innerhalb einer ziemlichen Weile eintritt.[265])

VI. Abschnitt.

Uebergangsbestimmungen.

Regel ist, daß für die Schuldverhältnisse, welche vor dem Inkrafttreten des B.G.B. entstanden sind, die bisherigen Gesetze maßgebend bleiben.[266])

Eine Ausnahme hiervon macht das Mietverhältnis. Ein zur Zeit des Inkrafttretens des B.G.B. bereits bestehendes Mietverhältnis, ohne Unterscheidung, ob die gemietete Sache vor diesem Zeitpunkte dem Mieter bereits übergeben ist oder nicht, bestimmt sich, wenn nicht die Kündigung desselben von einem der beiden Vertragsteile für den ersten Termin nach dem 1. Januar 1900 erfolgt, für den sie nach den bisherigen Gesetzen zulässig ist, von diesem Termine an nach den Vorschriften des B.G.B.[267])

Hiernach haben die Vertragsteile bei Mietverträgen, welche vor dem 1. Januar 1900 abgeschlossen sind, die Wahl, entweder den Mietvertrag trotz entgegenstehender Vertragsbestimmungen für den ersten nach den bisherigen Gesetzen zulässigen Termin zu lösen oder denselben unter Verzicht hierauf und stillschweigende Unterwerfung unter die neuen

[265]) T. IV C. VI § 19 Ldr.
[266]) Art. 170 E.G. z. B.G.B.
[267]) Art. 171 E.G. z. B.G.B.

gesetzlichen Bestimmungen des B.G.B. während der ursprünglichen Vertragsdauer fortzusetzen. Dieselben können sich aber gegen diese vorzeitige Lösung des Mietverhältnisses und den Folgen deren Unterlassung durch Vertragsbestimmungen sichern.

Es wird dies insbesondere bei jetzt schon abgeschlossenen oder abzuschließenden langjährigen Mietverträgen notwendig werden, wenn die Vertragsteile nicht Gefahr laufen wollen, daß ein solcher Vertrag vorzeitig am ersten bisher gesetzlich zulässigen Kündigungstermine nach dem 1. Januar 1900 zur Beendigung gebracht wird, oder daß sie ohne diese Kündigung ihnen bisher gesetzlich zustehende Rechte, z. B. das Recht der Aftervermietung, verlieren.

Der Ausschluß dieser durch das E.G. z. B.G.B. geschaffenen besonderen Kündigung kann sowohl jetzt beim Vertragsabschlusse, als auch nach dem 1. Januar 1900 bis zu dem ersten bisherigen gesetzlichen Kündigungstermine vereinbart werden, ebenso kann innerhalb dieser Zeitgrenze auch vertragsmäßig bestimmt werden, daß bei Unterlassung dieser Kündigung der Mietvertrag nach den bisherigen Gesetzesbestimmungen weiter bestehen bleiben soll, da das B.G.B. ein hiergegen gerichtetes Verbot nicht enthält.

Ist für den ersten bisherigen gesetzlichen Kündigungstermin eine solche Vertragsbestimmung nicht getroffen worden und ist für denselben von keinem Vertragsteile das Mietverhältnis gekündigt worden, so besteht dasselbe weiter, jedoch von letzterem Termine ab nach den Bestimmungen des B.G.B., wobei jedoch auch dann noch möglich ist, daß die Vertragsteile vereinbaren, die Letzteren sollten nicht zur Anwendung kommen.

Diese besondere Kündigung wird in München bei Wohnungen für Michaeli 1900 zu Georgi 1900, für einzelne Zimmer für den 1. März am 1. Februar 1900 zu erfolgen haben.

Ist dieselbe unterblieben, so kommen nunmehr für das Mietverhältnis, soweit nicht vertragsmäßige Bestimmungen vorhanden sind, die Vorschriften des B.G.B. zur Anwendung.

So muß der Mietvertrag, der für länger als ein Jahr abgeschlossen wurde, von diesem Termine ab unter Vermeidung der Folgen des § 566 B.G.B. schriftlich abgefaßt werden, der Tod des Mieters hat auf denselben die Wirkung des § 569 B.G.B., der Mieter, welcher Beamte rc. ist, hat das Recht des § 570 B.G.B., der Vermieter hat das Pfandrecht nach den §§ 559 ff. B.G.B., das Recht der Aftervermietung richtet sich nach den Bestimmungen des § 549 B.G.B., der Vermieter hat nicht mehr das Recht der außerordentlichen Kündigung wegen seines eigenen Notbedarfes der vermieteten Sache u. s. w.

Des Weiteren enthält das Einführungsgesetz zum B.G.B. eine Uebergangsbestimmung für den Fall der Weiterveräußerung der vor dem 1. Januar 1900 vermieteten Sache nach diesem Zeitpunkte.

Der Mieter hat hier dem Erwerber der Sache gegenüber diejenigen Rechte, welche das B.G.B. in den §§ 571 ff. bestimmt, weitergehende Rechte des Mieters, die sich aus den bisherigen Gesetzen ergeben, bleiben unberührt, unbeschadet der Vorschrift des Art. 171 E.G. z. B.G.B.[268])

Da nach den bisherigen Gesetzesbestimmungen der Mietvertrag zwar auf den neuen Erwerber übergeht, der Mieter denselben jedoch unter Beobachtung der ortsüblichen Aufkündigungsfrist oder der vereinbarten kürzeren kündigen kann,[269]) so bleibt dem Mieter dieses weitere Recht gegen den Erwerber vorbehalten, jedoch nur bis zu dem Termine, für welchen er nach den bisherigen Gesetzen zum ersten Male nach dem 1. Januar 1900 kündigen kann.

---

[268]) Art. 172 E.G. z. B.G.B.

[269]) Landtagsabschied vom 18. Januar 1871 § 21.

Nach Ablauf dieses Termines unterliegt das Mietverhältnis bei Unterlassung dieser Kündigung lediglich mehr den Bestimmungen des B.G.B. bezüglich der Wirkung der Veräußerung der Mietsache.

Die Anwendung dieses Uebergangsvorbehaltes ist daher zeitlich beschränkt.

Wird die vermietete Sache z. B. am 1. Februar 1900 veräußert und hat der Mieter nach den bisherigen Gesetzesbestimmungen für Michaeli 1900 erstmals kündigen können, so kann er dies nunmehr auch dem neuen Erwerber gegenüber noch thun auf Grund des Landtagabschiedes, obwohl der Mietvertrag auf diesen übergegangen ist und dieser seinerseits an den letzteren gebunden ist. Hat aber der Mieter für Michaeli seinem Vermieter nicht gekündigt und wird die vermietete Sache erst nach diesem Ziele veräußert, so steht demselben das Kündigungsrecht aus dem Landtagsabschiede nicht mehr zu, weil von diesem Termine ab das Mietverhältnis in allen Punkten den Bestimmungen des B.G.B. unterworfen ist.

Die Rechte des Mieters gegenüber dem Vermieter bei Veräußerung eines vor dem 1. Januar 1900 vermieteten Grundstückes, Wohnung 2c., nach diesem Zeitpunkte, sind lediglich nach den §§ 571 ff. B.G.B. und § 171 E.G. hierzu zu beurteilen.

Alphabetisches Register.

FSC
www.fsc.org
MIX
Papier | Fördert
gute Waldnutzung
FSC® C083411

Kolibri 360 GmbH
Ferdinand-Jühlke-Straße 7
99095 Erfurt, Deutschland
produktsicherheit@kolibri360.de